U0111557

大展好書　好書大展
品嘗好書　冠群可期

大展好書　好書大展
品嘗好書　冠群可期

武學釋典38

太極拳勁意圖解
非視覺太極

萬周迎　著

大展出版社有限公司

掃碼加入讀者群：

作者公眾號：

　　注：本書所講的專業動作請在專業人士
指導下訓練，並在監護人陪同下練習。

三、　　　　　　　　功法篇

（一）　　　　　　　太極　　　　　七勢

問道

動作　　　　　　　詳解

第一勢　　　　　　無極勢

第二勢　　　　　　起勢

第三勢　　　　　　懶扎衣

第四勢

六封　　　　四閉

第五勢　　　　　　單鞭

第六勢　　　　　　金剛

搗碓

收勢

三種　　　　　練法

（二）　　　　太極

十三勢

圖說　　　　　太極

十三勢

無極樁

太極　　　　　起勢

金剛　　　　　搗碓

懶扎衣

六封四閉

單鞭

金剛　　　　　搗碓

白鶴　　　　　亮翅

斜行　　　　　　　　拗步

初收

前蹚　　　　　　　　拗步

斜行　　　　　　　　拗步

再收

前蹚　　　　　　　　拗步

演手　　　　　　　　紅捶

金剛　　　　　　　　搗碓

收勢

十三勢　　　　　　　練法

四、　　　　風險　　　　　篇

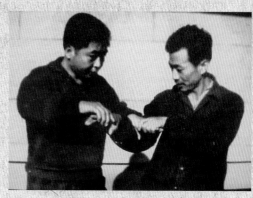

作者師爺陳式太極拳家陳照奎推手

陳式太極拳宗師陳發科

後招

玉女穿梭

指襠捶

旋風腳

作者恩師陳式太極拳家楊文笏拳照

楊文笏（前排正中）應馬虹（前排右四）邀請到石家莊授拳

萬周迎與師叔陳瑜在天壇公園

作者恩師祁家通臂拳家
張生為俠友太極書院做
通臂拳講座、展示技擊

萬周迎雲遊拜訪關中紅拳劉存和老先生

萬周迎與武術家吳斌（中）
書法家陳建海（右）

萬周迎與師爺祁家通臂拳家魏慶祥

萬周迎陪同禪宗師父聖安大師（左一）
接待來訪的泰國法師

在俠友太極書院學習的外國學生

萬周迎與李亞鵬（左側照片中間）共同揭幕鄉村公益書院，復興傳統文化

公益項目「語路問行動」頒獎儀式現場，陳坤（左）為萬周迎頒獎

萬周迎參加遼寧衛視「有話好好說」節目，宣傳太極文化

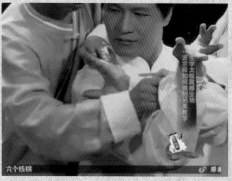

萬周迎拳照

萬周迎參加山東衛視大型國學節目「我是先生」

萬周迎與美國有氧大健康之
父、小布希總統健康顧問庫珀
（右），2017年拍攝於南京

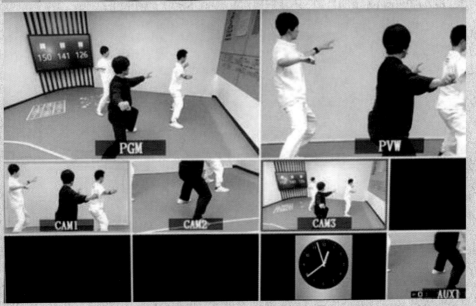

科學太極之「運動處方」影片錄製

萬周迎與著名心血管病專家胡大一

2011年5月北京市公益文化節上，
俠友心舍盲人學生演示太極拳

　　2017年重慶第十一屆中國健康服務業大會，400名健康管理專家學者齊聚，由北京俠友太極書院萬周迎現場教學，大家發揚醫者先行的理念，用心體會太極拳的一招一式，感受中國傳統儒、道哲學中的太極、陰陽辯證思想。後排左一，朱玲（北京醫院體檢中心原主任）；左二，陳剛（中國健康促進基金會副秘書長兼健康管理部主任）；左三，曾強（中華醫學會健康管理學會主任委員、解放軍總醫院健康管理研究院主任）；左四，武留信（中華醫學會健康管理學會副主任委員兼秘書長、解放軍空軍航空醫學研究所研究員）；左五，王正珍（中國健康促進基金會體醫融合應用研究與推廣專項基金管理委員會副主任委員）；左七，趙小蘭（第三軍醫大學西南醫院健康管理中心主任）

目　錄

推薦閱讀

魏久明

中華少年兒童慈善救助基金會主要創辦人，原理事長

弘揚民族之光

我們都是中華民族的一分子，宣傳和實踐民族文化傳統是我們天賦的神聖職責。

太極拳是我國非物質文化遺產，是在中華民族古老的太極思想指導下產生的。在我國，太極拳於14世紀開始興起和傳播，至17世紀中葉對外繁衍和普及。太極拳體現了中國文化中的陰陽五行之學、《易經》辯證思想、中醫經絡學說等，是中國武術中養性健體、抗擊衛身的一種內外兼修、剛柔相濟的拳術，受到中國人民及世界其他國家人民的喜愛。

萬周迎先生的著作《太極拳勁意圖解‧非視覺太極》一書，是他多年刻苦鑽研、勇於實踐、精心撰寫而成的，是繼承與發展傳統太極拳術的著作，也是現代人特別是盲童學習太極拳的重要讀本。本書的出版和發行，對於進一步探索、發展、學習、普及傳統太極拳有著重要的意義和作用。

　　萬周迎先生的可貴之處，還在於他不僅獻身於太極拳的事業，而且把發展太極拳與公益慈善事業有機相結合，有力地推動了傳統太極拳的普及和發展。我是個堅持練習太極拳的人，在晚年也做些公益慈善的事，所以我和萬周迎先生是同道人，他的《太極拳勁意圖解・非視覺太極》出版，我是積極的推薦者。希望大家和我一樣，喜歡這本書，閱讀這本書，宣傳這本書。

李亞鵬

嫣然天使基金、書院中國文化發展基金會發起人

　　萬周迎老師是書院中國文化發展基金會發起的傳統文化公益項目的太極導師，他運用大學老師的治學方法研究和傳授太極。在這本書裏，他從文化、傳承、應用、科學等多個層面全面解讀了中華武術的精妙。

　　我第一次看到在出版的同時還有專為盲人設置的「非視覺」音頻版的太極文化方面的書籍。萬周迎老師多年來用太極為無數殘障人士帶去心中的光明，我在影視作品中扮演過大俠，萬周迎老師卻是我們身邊真實存在的「俠」。

陳越光

浙江敦和慈善基金執行理事長、秘書長

　　那些忙亂的心總是太小，一點得失計較就裝滿了，一有風吹草動就被抓翻了；那些貪婪的心雖然夠大，卻是被慾望

撐大的，始於忘乎所以，終於貪得無厭。而在盲童們的一招一式中，我們看到踏實、溫厚的心，熱淚涔涔而不是由於自己的不幸，風塵僕僕而並非奔波於名利之途。這樣的心也許還未見自性，還未聞道，卻也已近，也已求矣。

溫長路

中華中醫藥學會常務理事、學術顧問，國家中醫藥管理局中醫藥文化建設與科學普及專家委員會專家，中國科學技術協會中醫藥學科全國首席科學傳播專家

　　太極無端，健康無限，動靜有序，道法自然。太極之功，剛柔相濟，動靜一體，是為中國祖先之創造、中華文化之明珠，學之受益，習之得利，為強身健體、防病療疾之法寶。萬周迎先生致力於傳統太極養生理念的研究和推廣，以之造福於民眾健康，功莫大矣，此其一。

　　人之眼目，體之窗口，視障之人尤渴望關愛。給他們送去特殊健康之書，是送知識更是送愛心，是送工具更是送仁義。萬周迎先生以其獨特的視角，撰寫了這部撰寫有難度卻意義非凡的書，讓視障者得到健康權利、享受健康甘霖，這是具有遠見的舉動，功莫大矣，此其二。

　　《太極拳勁意圖解・非視覺太極》一書，內容翔實、語言精練、貼近生活、便於掌握，讓可視之者眼前一亮，不可視之者心中明瞭，為健康中國加力，給國計民生添彩，相信它一定能受到廣大讀者，特別是盼望使自己能融入健康行列的視障讀者的熱烈歡迎的！

朱為模

博士，美國人體運動學科學院院士
美國伊利諾伊大學終身教授，博士生導師

太極拳幫你「看」世界！

　　一談到視力障礙，一般人馬上可能聯想到的是dis-ability（殘疾）。我尤為欣賞Vikas Khanna以下這段對disability的新定義：Disability is the inability to see ability（殘疾其實是缺乏認識人潛力的能力）。許多人也許不知道其實除了視覺外，人還有很多其他的感官和方法來認識世界。而且人的觸覺、本體感受等是比視覺還要早的用來認識世界的重要通道。萬周迎先生嘗試用傳統太極拳來幫助視障孩子「看」世界，其實就是挖掘他們的這些非視覺潛能。過去20多年中，太極拳這項古老的中國身心運動已被積極地應用到殘疾人和老年人的康復治療中，並被西方醫學界所接受。萬周迎先生本著一顆愛心，用太極拳來幫助視障孩子們挖掘他們的潛能，並根據自己的實踐研究，整理出版了這本《非視覺太極》，可喜可敬。推薦大家一讀。

張有峰

北京武術院副院長

　　非視覺太極拳概念最早來自於盲童太極拳教學實踐，又不僅限於盲童群體。用內在感受替代視覺模仿，可以更有效

地深入太極本質，本書在對傳統太極拳核心要領準確描述的基礎上，進一步披露了太極拳螺旋纏絲對細節的要求，刪去繁多的枝葉，用最少的式子，回到太極拳的核心根本上去。

楊十明

北京市武術運動協會八卦掌研究會副會長兼秘書長

《非視覺太極》——太極拳傳習有益的探索

欣悉好友萬周迎老師的《非視覺太極》一書即將出版，祝賀的同時也深為他多年來潛心學拳，刻苦練拳，精心傳拳，不斷探求太極真理的精神所贊佩。

該書立意清楚，將傳統太極拳原理與傳統練習方法相結合，從太極椿功、基本功入手，進而精解陳式太極拳經典十三勢練習方法，圖文並茂，並運用現代手段，書音結合，試圖體現太極拳習練應著重於內在的感受和平衡，而不是追求視覺效果的外形漂亮，從盲童太極拳教學實踐出發，找到一種適合現代人修習的教學方法，讓傳統太極拳更易於學習和堅持，並且不失傳統文化內涵。該書還就武醫結合、防止運動損傷等進行了積極探索。這都是作者透過長期練拳、研拳、教拳總結並凝練出來的。《非視覺太極》一書對太極拳習練者具有指導作用，對太極拳愛好者、初學者也有一定的參考借鑒作用。

中華武者，常有俠義精神，萬周迎老師曾是位出色的科研工作者，而出於對中國傳統文化的熱愛，現在他將繼承弘揚太極拳作為自己的責任，全身心投入到傳統太極拳和慈善

公益事業中。他以大愛之情創辦「俠友心舍」，辛勤耕耘，卓有成效，走出了一條太極拳不同尋常的道路，令人敬佩！我曾見過他的盲人學生演練的太極拳，他們專注地演練，一招一式中，孕育動靜變化，似乎能讓人感受到他們身心內外的平靜，感受到人自身、人與世界的和諧與平衡，而修習太極使他們贏得尊重，獲得自信，坦然面對人生。

有人說太極拳是哲理拳，確實如此。中華傳統文化閃耀著人類智慧的光輝，我們應很好地學習、繼承、弘揚、發展它，使其更好地為人民身心健康和社會進步發揮更大的作用。

王俊輝

字中行，道號資上智
北京市武術運動協會通背拳研究會副會長
武當三豐派第十六代弟子、祁家通臂拳第八代入室弟子

太極拳名揚天下，公開的資料與研究已經非常豐富了，但大多大同小異，唯萬周迎先生所著《非視覺太極》頗有新意！對視障人群的太極拳教學無疑是一部雪中送炭的大愛之作，對常人尤其是武術習練者更是一部難得的好書。當今資訊時代，世事紛擾，節奏飛快，大家真的很難靜下心來去做件事，更談不上練就篤實的傳統功夫了。軒轅黃帝《陰符經》中有道：「心生於物，死於物，機在目。」「絕利一源，用師十倍。」非視覺找到了靜心修煉的根本。「物有本末，事有終始，知所先後，則近道矣！」相信按照萬周迎先

生此書呈現的方法能成就您的功夫夢！也可圓您的體道、悟
道、修身、養性的修行夢！福生無量！

馬一弘

七寶閣書院院長，書香學府教育創始人
中國書院學會副會長

　　萬周迎老師把中醫的思想體系與太極拳的習練結合起
來，體現了「道」與「藝」的關係，告訴大家練武、習藝最
終的目的是至於道。

　　太極拳崇尚的就是天地陰陽的文化，如果大眾能夠從習
練太極拳入手，體會到中國優秀的傳統文化，就是一種文化
修養的提升，就是文化自信的提升。習練太極拳是復興中華
優秀傳統文化的重要途徑。

序一

秉承傳統陳式太極拳 萬周迎老師

以練而道 拳理 以悟而明 拳應 在俯行

大道上醫武相合 知行合一 以身證法 大

愛如斯 俠友心太極夢 他自翻互俠友心合

熱心公益 技藝支貧 由對盲人教拳教

年以非視覺太極拳証道 今著書

「非視覺太極拳」以育世人 承由衷敬

佩 寫數語為序 陳建海於丁酉穀月

　　秉承傳統陳式太極拳，萬周迎老師以練而通拳理，以修而明拳法，在修行大道上醫武相合，知行合一，以身證法。大愛如斯，俠友心、太極夢。他自創立俠友心舍，熱心公益，扶弱支貧。由對盲人教拳數年，以非視覺太極拳證道。今著書《非視覺太極拳》以育世人。我由衷敬佩，寫數語為序。

陳建海於丁酉秋月

序二

不想學武術的科學家不是個好俠客……

一直以來，源於對傳統文化和中國功夫的熱愛，我始終研究和關注這一領域，多年來，親眼見證了萬周迎老師從習武，到做公益慈善，一路所經歷的磨難，以及他堅定不移的精神。

為萬周迎老師作序，不能不提到他的科學背景。他原在北京航空航太大學任教，從小就對於世界的隱秩序、宇宙的終極奧秘有著濃厚的興趣，對於物理學、宇宙背後的規律和美，展現出驚人的洞悉能力。他能感受到那種美，那種科學家眼中的世界之大美。因為我們這一代人從小受的教育是「學好數理化，走遍天下都不怕」，所以他並沒有太多機會進入人文領域。讀大學之後，萬周迎老師有更多機緣從人文角度感悟世界，這使他在這方面的天賦得到更好的發揮。所以，他對於中學和西學，都融會貫通。

借由武術說起，萬周迎老師在習練傳統太極拳時，歷經了常人無法想像的磨難。數不清的寒來暑往，他日日凌晨起床練功。渡過這個「大火」的階段，堅持練功需要極強的毅力和耐力。例如三九功和三伏功，三九功需要在數九寒冬北風呼嘯的時候，在北方的戶外赤腳練習；三伏功則是在炎炎

夏日正午酷熱的時候，在陽光直射下赤腳練習。然而這些只是外形上能看到的苦。更多的苦是內在的，需要在達到極限狀態下的身心淬煉。在做「下勢」動作的時候，常常會達到痛入骨髓，渾身顫抖、發麻，全身上下都無法動彈的狀態，而這個時候，還需要再堅持，這種肉體和精神上的巨大痛苦是一般人無法忍受的，所以中途放棄的人很多。但是這個極苦，卻是在換勁，可達到手沉、換骨，以至整勁。所以說是痛並快樂著，我們一直都懷念那個單純的歲月。

沒有真正練過功夫的人，根本無法體會，功夫不是秘笈，不是投機取巧讓老師多傳授口訣和要領，而是反覆練習，反覆琢磨，承受痛苦的煎熬，以得到鳳凰涅槃般的重生，是如同攀登險峰一般，義無反顧，不斷追求。在這個階段之後，還有多個階段的練習，需要像揉麵一樣，反覆進行。在鬆柔的階段，身體會更加感覺到鬆靜，從而進入無我的狀態。

萬周迎老師親身經歷過大火淬煉（猛攻）和小火燉煮這些階段，最終達到了中正平和，就如同釋迦牟尼佛修行的時候，歷經了苦修與平和，最終達到了開悟一樣。所以，萬周迎老師傳授拳法時，知道怎樣根據每個學員的情況、身體狀況、年齡階段等選擇合適的功法，能把不必要的彎路去掉，濃縮成一條最佳途徑。

本書中不少內容為首次披露，如傳統太極內功的練習、吳氏太極與通臂拳的淵源等。萬周迎老師告訴了我們傳統太極的精髓，這是大家期盼已久的事情。古代的典籍現代人看起來很困難，很多讀者表示看不懂《陳氏太極拳圖說》，而

萬周迎老師在語言方面使用了當代語言，使本書非常通俗易懂。用當代的語言把古代的精髓闡釋出來，也是此書的很大貢獻。書中這一套系統的練習方法，縮短了習練時間和週期，打破了太極十年不出門的魔咒。

第一步，先練基本功、內功，把腰胯打開，培養丹田。第二步，俠友七勢拳，將內功與拳勢動作揉為一體，初步掌握節節貫串、煉養中氣的方法，體會中醫經絡、六經辨證的關係。第三步，太極十三勢，將呼吸、吐納與動作配合，達到返璞歸真、回歸天然本源的狀態。此外，還配合有一套科學的檢驗體系。已有三甲醫院採用俠友太極作為運動處方，建議患者練習。東漢時期的《吳越春秋·勾踐陰謀外傳》中的《越女論劍》中說：「其道甚微而易，其意甚幽而深。道有門戶，亦有陰陽。開門閉戶，陰衰陽興。布形候氣，與神俱往，呼吸往來，不及法禁，縱橫逆順，直復不聞。」太極之精妙可達於此。

萬周迎老師授課的一大特色是醫武相合。他除了是太極、通臂拳傳人，也精通中醫。他對於中醫「內裏面」的理解，著實令人敬佩。這部分內容，在萬周迎老師的另外一本書中，有更詳細的講述。現在大家都在講醫武相合，但是醫武相合並不是膚淺的經絡對應，或者哪個動作對應哪個病證，而是對於醫道核心，那些不可見、不可說、不可思議部分的拿捏和把握。如何使人領會「在天成象，在地成形」的中醫經典，並將其收歸己用，練到身上，是最見功力的地方。萬周迎老師對於中醫經絡、人體陰陽應象與太極拳陰陽變換之間的互通關係和把握，透入骨髓。此書還有一大特

色，就是非視覺、無障礙。每一章節都有一個二維碼，可聽到語音，此語音對圖片的內容、文字的內容，做了一個詳細的描述，以便於視障朋友閱讀。雖然看不到內容，卻可透過此語音感知。這種殊勝，在現代的因緣上也非常契合。

練功夫的人，大多受武俠文化的影響，具有俠的情結。而萬周迎老師又是何許人？京城冬夜裏，不問不知道。萬周迎老師從北京航空航太大學辭職，創辦了俠友太極書院，多年來和書院的老師們一起，義務傳授殘障困境孩子太極功夫、國學知識，幫助他們強身強心。此事的緣起如下：

他在各地雲遊的時候，看到武術沒落的現狀，希望為傳統武術找到在現代社會的安身立命之所。他還看到許多殘疾人士、疾病患者面臨著各種各樣的困境。他深知殘疾、疾病不是他們的錯，貧窮和衰老也不是他們的錯，我們每個人在生活中都有可能陷入困難。幫助別人其實就是幫助自己。傳統文化中有大量的瑰寶，完全可以用於造福弱勢群體。而且，這也可以使非遺活化，使它在現代人的生活中得以復興，而不至於只是躺在非遺的名單裏，走向消亡。

萬周迎老師性格樸實敦厚，為人中正平和，不追求經濟效益，更合天道。這也是他創辦非營利性機構的初衷。他不善言辭，話不多，卻對這個世界有大愛，有天生的同理心。有人說，慈善是錢賺到足夠多以後才做的事情，但是從中國傳統文化來說從來不是這樣。仁義禮智信，是每個人血脈裏的價值觀和精神。這不僅是傳統文化宣導的仁愛的根源，更是傳統武術的精神座標──俠。

然而是在現實中，俠友募款十分艱難，尤其是在起步階

段。因為項目屬於教育和文化，受助群體沒有危及生命的大病，也沒有很慘的畫面，倒是受助的孩子們自強自立，精神面貌好，散發著陽光和自信。沒有需要救命的急迫感，就很難打動人心，因此萬周迎老師和許多俠友自掏腰包，甚至變賣了珍藏多年的古董、名瓷等來做公益。俠友書院能堅持下來，緣於他和書院老師對傳統文化價值和智慧的深厚認同與熱愛，有了這種理想和信念，並且經歷過習武的痛苦磨礪，再經歷什麼困難，他都不怕。萬周迎老師不僅不怕苦，反而從中感覺到了生存的真實。萬周迎老師是很驕傲的人，凡事不願意張口求人，但是為了項目，為了孩子們，他可以放棄尊嚴去募款，正如《存在》這首歌裏寫的：

> 多少次榮耀卻感覺屈辱
> 多少次狂喜卻倍受痛楚
> 多少次幸福卻心如刀絞
> 多少次燦爛卻失魂落魄

在這個層面，我們可能都是夢想者。

經過多年努力，俠友太極書院的項目，惠及全國近三十個省市地區，為那裏千千萬萬的孩子們圓國學夢、功夫夢，且書院也成為傳承傳播中華文化的平臺。

關於俠友的媒體報導非常多，我也曾經為萬周迎老師的經歷寫過一部小說，就是《太極‧俠》，書中的故事九轉回腸、跌宕起伏。主人公穿越回古代帶回的上面刻「俠友」字的寶劍，成為俠友命名的由來，而事實上確實有這樣一把真實存在的古劍。包括項目籌款的經歷、盲人孩子的笑臉、現

代版楊志賣刀等，小說中都有記載。現實比故事精彩，無論怎樣的報導，都無法完全展現現實世界的波瀾壯闊、瑰麗宏大的精神畫面。

近百年來，中華武學逐漸沒落，與人們的生活漸行漸遠。系列報導——《致我們正在消逝的文化印記：中國功夫》，非常令人心痛。當今人以習瑜伽、跆拳道等為榮，無人願意瞭解中華武學的歷史、傳承、更難深入瞭解其背後的文化內涵。現在武術處於十分尷尬的境地，變得像體操不如體操，像雜技不如雜技，像戲曲又不是戲曲。有時候我也捫心自問，現在社會沒有龍，學會了這種屠龍的功夫，有用嗎？有用。這是一種文化的傳承和復興。

傳承，是一種使命。復興，也是一種責任。傳統武學的復興可能需要幾代人的不懈努力，但至少，我們應該保留下來一些種子。瑜伽的盛行、跆拳道的稱霸，並不能掩蓋中華武術的光輝和博大精深。只是我們當下還缺乏包裝、運營，不懂得市場運作。因此，傳統文化、傳統武學的復興，還需要彙聚更多的力量，需要持久的努力。

歷史上的賢達才華橫溢，都不是只在一個領域中才能突出，而是對多個領域均有研究，只是因某一個領域的成就而為世人所知。一個有智慧、有才華的人，也從來不會停留在某一方面，而是在方方面面都有深入研究。不管是經由太極的道路，還是經由科學的道路，不管是採用中醫還是西醫的方式，人們對宇宙和人體奧秘的探索是不會停止的。

若　存

自序

　　太極概念來自上古，自人與天地交流而生，此後流傳數千年，成為傳統文化中重要的核心概念。而傳統武藝，各種搏殺之術中或多或少也有太極陰陽變化的影子。太極拳以完整形式示人，雖不過幾百年歷史，但這幾百年卻是中國面臨重大變革的時期。太極拳以其柔韌而堅強的適應能力在這個時代成為國人主要的健身運動。百年前，國人體弱，倡傳統武藝為國術，以強身健體為強國之基石。而今，溫飽已無憂，人們生存環境日益遠離自然，太極拳亦可為修養身心之選。太極拳，內而化之，為蘭生幽谷之境；外而用之，則有仁俠勇毅之氣概。

　　當今世界是科學昌明的世界，太極拳要真正融入現代社會之中，變革是不可避免的。這種變革體現在：

　　首先，要將太極拳原理分析清楚明白，讓現代人有機會理解聖賢的良苦用心；

　　其次，嘗試將太極拳的效果納入定量說明的軌道，用清楚明白的資料告訴人們為何要練習太極拳；

　　再次，將練習太極拳的風險分析清楚，並找到對應的解決方案，盡可能地防止運動傷害的發生。

　　太極拳是中國傳統文化的精粹。將太極拳原理講明白，

可以讓現代人有機會在練習太極拳時體驗以身證道,去印證傳統文化經典所說的方法,讓傳統文化經典真正從思維演繹層面的學習落到實踐檢驗的實證方法上。而現代多數人練習太極拳的目的在於養生和健身。對於健康,現代醫學的認識和傳統認知是有共同點的,那麼我們可以充分利用這種共同點,用現代檢測的定量資料來衡量健康水準的變化。近年來,國際上有很多正規的醫學健康刊物發表了大量的有關太極拳療效的研究論文,說明太極拳的效果已經被主流醫學界認可,並納入正規科研範疇,這對有志於太極拳發展的人來說是一個很好的時機。

現代科學的資料核對,是一種很好的糾錯和篩選機制。隨著資料的積累,我們會明確太極拳練習的強度和適用人群。這有助於讓大眾根據自己身體狀況有針對性地選擇練習內容和練習強度,真正讓太極拳作為運動處方為人們的身體健康和快樂生活發揮獨特的作用。

我學理工出身,並且有一點在大學從事教學科研的經驗,機緣巧合下,進入太極拳愛好者的行列,有幸在明師指導下修習多年,並有機會長期從事太極拳的教學實踐工作。學生中有部分是視覺障礙群體,非視覺太極的概念就是由此而來的。將太極拳講述得清楚明白,讓沒有視力的學生能夠知道太極拳要領並能較為準確地用身體表達出來是我經常要面對的問題。在解決這個問題的過程中,我慢慢體會到太極拳是一種平等的運動方式,幾乎所有的人群,無論年齡長幼、體弱還是強壯、貧窮還是富有,視力、聽力障礙還是肢體殘障,都可以從太極拳中獲得平靜、喜悅和健康。

　　這套書是想給初學太極的朋友們一個入門參考，盡可能地消除感官的障礙，讓所有喜歡太極拳的人們都可以入手去學習和感受。

　　感恩浙江敦和慈善基金會對我們的大力資助，讓這一想法能夠落實。感謝中華少年兒童慈善救助基金會和書院中國文化發展基金會一直以來的支持。感謝資深的武術編輯王躍平女士和常學剛先生在本書體例和內容編排上的指導，感謝為這本書的插圖嘔心瀝血的若存女士。感謝為本書無障礙化辛苦錄製音訊的CCTV2家庭理財頻道主持人馬清芮先生、北京人民廣播電臺主持人小丹女士。另外，特別感謝傳授我武藝、指導我成長的兩位恩師：太極拳明師楊文笏先生，祁家通臂拳明師張生先生。

萬周迎

緣起篇

非視覺太極的故事

緣 起

人人都有自己的「盲區」。

佛經中常說「盲無慧目」，大概就是說若沒有心靈的智慧，我們跟盲人並沒有區別。

我從小生活在一個江南的農村，那個村子東面有條小河，叫做白沙溪，溪水蜿蜒向北，注入村北一公里左右的婺江中。婺江是條特別的江，在我家附近這一段是向西流的，所以我從小對那句「一江春水向東流」沒有任何感覺，我們村附近的兩江春水，不是向北就是向西。

爸爸話不多，人很聰明，是個不錯的木匠。媽媽是個很要強的人，希望我和弟弟能好好讀書，以後能有大的成就。為此，她付出了比普通農村女子多得多的努力。

從我很小的時候，她就教我認字，學算數，在我6歲時就想讓我破格去上小學。20世紀80年代初期，我們這裏的孩子一般都要到8歲才能上小學，而我6歲的時候就可以

俠友心舍裏清代鐵馬鐙上
一盞酥油燈

跟上二年級的課程了，但是最終卻因為沒有我的課本而不得不再等一年才入學。

上學以後，隨著我父母為生活奮鬥的腳步，我也不斷地轉學，五年小學期間轉過三次學。因為識字早，我很早就開始看各種書籍。記得最早看到的一本武俠小說是梁羽生先生的《冰川天女傳》。從此，除了古詩詞和科學，我又有了一個武俠夢。

河邊堤壩下有大片的天然草皮，正好適合練筋斗、倒立和鯉魚打挺等基本功。中學的操場也有大片的草皮適合練習。直到高考前，我課外除了去圖書館看自己喜歡的科學讀物，大部分時間都是在操場踢球，在草地上練鯉魚打挺、烏龍絞柱等看起來很武俠的基本武術動作，有時候也會去找武術雜誌，這些雜誌裏面有基本的武術套路和小功法練習，我按著圖譜說明自己比畫著練，頗有幾分研究秘笈的神秘感。但是我一直沒有機會遇上心目中的隱士高人，徒仰俠客之豪情，終不得入武術之門，常引為憾事。

中學階段還算順利，那是個多夢的季節，夢想以後在科學領域探索宇宙和粒子的奧秘，夢想以後文武兼修，有浪跡天涯的逍遙。在夢醒的時候，高考也就結束了。20世紀90年代初，我來到北京，進了自己在失去進北京大學物理系的機會後有些隨意的選擇——北京航空航太大學。

大學生活似乎和原先設想的不太一樣，機械製造工程是一個幾乎沒有夢想空間的現實世界，所幸的是體育課可以選修氣功。透過了必需的身體素質測驗後，我經常用站樁來替代別的活動。有以前武術的基本功，站樁也就不是

一件太難的事，堅持到大學畢業，體育課的站樁、氣功我得到了優秀的成績。畢業後，我留在北航的工程熱物理專業從事科研和教學工作。

傳承

・初遇太極

對於小說中以柔克剛、以弱勝強的「頂級神功」太極拳，我心中一直是有好奇的。正好學校有老師要做太極拳培訓，教授四十二式競賽套路，於是我就去報名學習了，這是我正式跟老師學的第一套太極拳，也是自己第一次試著將「順勢借力，以柔克剛」這些書面的描述與身體真實的運動方式簡單結合起來。

記得快學完的時候，正好有朋友從外地來，他體格非常健壯，聽說我在學太極拳，就想試試，在他用力先撞我的時

陳式太極拳第九代宗師
陳發科先生像

候，被我下意識的一個引化，將他整個身體在空中橫過來面朝下平拍在地上。這是我第一次將太極拳原則用於實際對抗。但從那次以後，有意地想再找到那種狀態，卻再也找不到了。

後來有一位田老師來北京航空航太大學教陳式太極拳。北京的陳式太極拳傳自陳發科先生。陳發科先生自1928年以後就定居北京。田老師從學於馮志強先生和田秀臣先生，而兩位老師都是陳發科先生的弟子。田老師待人和善，善於言談，能從大學生易於理解的速度、力量、技巧等角度來分析太極拳的原理。所以，田老師的太極拳課在大學裏很受師生的歡迎，北京大學、清華大學、北京航空航太大學都有他的班。

陳式太極拳第十代傳人陳照奎先生與弟子演示陳式推手套路，拍攝於20世紀60年代

　　田老師每週來北航5次，大約1個月的時間教完一路八十三式。學完套路後，接著練推手，推手包括單推、雙推、活步和散推。

　　在老師沒來的時候，我們一些同學在早上聚在一起晨練，驗證老師講的方法在實踐中的應用。有一些方法還是很管用的，特別是對一些不熟悉的對手，在推手中用一些練熟了的招式，往往能起到明顯的效果，比如在對方進步前推的時候，在對方前進腳剛沾地的瞬間，我用前腿之膝內側領勁向裏合，橫打對方前進之膝內側，同時轉體，用兩臂分別接對方前臂上掤下採，很容易使對方在沒有防備時失去重心摔倒。

　　當時大家的興致都比較高，幾乎每天早上都在北航荷花池邊練習。有時還會去清華的小樹林，或者北大西門附近，和北大清華的同學交流拳藝和推手。

　　慢慢地一個問題越來越困擾我：「太極拳是什麼？」這個問題其實在接觸太極拳之前我就在思考，但是，沒有身體力行的實踐，是不可能有明確的答案的。在無意中把朋友放倒那一瞬間，我好像有了答案。但後來，又漸漸模糊了。問田老師，他說是「速度、力量、技巧」加上「時機把握」。

　　初一聽很有道理，但是，細想又不是，很多體育運動都是這些要素，比如乒乓球、籃球、足球等大多數對抗運動，都是這樣。那麼太極拳，又有什麼不同呢？在和同學的交流中，我也在找這個答案。

　　太極拳的拳論和拳譜講的大多是境界和感悟上的，並

沒有講切實的練法。只有真正實踐到了才能知道切實的結果。但是，如果不知道太極拳是什麼、太極拳該怎麼練是對的，也就不能保證正確的太極實踐體會。一般傳統武術，破解這個理解上的怪圈，都是用相信自己老師說的、按老師說的去練來強行截斷這個邏輯鏈條。但我們從小習慣的科學思維方法和這個體系之間是有矛盾的，於是，信還是不信似乎成了一個根本的問題。

·大道太極

偶然的機會，我遇到了吳氏太極的傳人黃震寰老師，黃震寰老師是田兆麟、吳圖南、石明等幾位先生的弟子。黃老師特別願意有年輕人能傳承他體悟到的東西，雖然我沒有拜師入門，他也會經常指導我練功。從黃老師這裏我學到了一套獨特的放鬆養生功法。黃老師傳授的這套放鬆功很有特點，有靜立的無極樁，有撐拔筋骨的探海樁，還有一些包括抖手腕、鬆活胳膊、轉腰拍打、鬆胯懸腿畫圈、悠腿等看起來平淡無奇但卻很吃功夫的小功法。那段時間，每次練拳之前，我都要做這套放鬆功。

黃老師非常注重鬆柔，練功站樁時，多用膝不打彎的高架子，首先放鬆肢體、然後放鬆意識，最後達到物我兩忘的境界。黃老師傳的太極拳體系是以《道德經》為指導，體證有無相生、道法自然的奧秘，從練法上讓人歸於空無，合於大道。因此，黃老師所傳這支後來也叫「大道太極」。

　　值得一提的是，我在後來學習通臂拳的過程中發現，通臂拳的活臂法與黃老師所傳的放鬆功有很多相似的地方。這使我產生了好奇心，從師父那裏查找了通臂拳傳承的譜系，得知吳圖南先生曾經拜過「臂聖」張策前輩為師，是祁家通臂拳的第五代傳人，在通臂拳的傳承譜系中能看到他的名字。而黃老師也曾師從吳圖南先生，不知這套放鬆功是否與通臂拳有些淵源。

•形意明師

　　在練拳的過程中，我認識了不少朋友。離太極拳比較近的拳種有形意拳和八卦掌，在跟這些朋友的交流過程中我也瞭解了一些形意拳八卦拳的練習方法，太極拳在拳理和練法上都比較複雜，於是，我就想從相對簡單直接的形意拳來理解傳統內家拳的關鍵點。

　　比較幸運的是，跟我很投緣的陳建海大哥就是練形意八卦的，他的形意拳師父李克仁老師是名家駱興武先生的弟子。駱興武先生得民國武術名師李存義先生真傳，是張學良的侍衛官。在陳建海大哥的引薦下，李克仁老師答應來北京航空航太大學教我和幾個學生

作者演示形意十二形之龍形定勢，拍攝於 2017 年

形意拳。從三體式樁，到劈、崩、鑽、炮、橫五行拳，李克仁老師手把手、一絲不苟地給我們調身形、講勁路。

形意拳入門拳理並不複雜，五行拳練起來也是很傳統的一趟一趟循環的單式。但我從這簡單的重複裏找到細微的鬆緊變化、整體的協同一致，慢慢地對整勁兒和鬆沉有了些初步的體會。

形意拳是化槍為拳，練五行拳時手中雖然無槍，但要借這個「槍」的意去找拳的合勁和整勁。這個好像手中拿著槍的意境，就如我們解幾何問題時用的輔助線，雖然看起來不存在，但卻是解決問題的關鍵。在李克仁老師教的形意拳裏，我初步體會到了在速度、力量、技巧之外的傳統武藝的功力。這個鬆沉和整勁兒，是不能簡單地用各種基本成分的疊加來獲得的。所謂的功力是在掌握基本要領的基礎上，不斷地重複、持續地體悟，然後才沉澱下來的一種身心狀態。

•太極真傳

用了近半年的時間，學習了形意拳的基本內容後，我還是回到了太極拳，並在師兄的引領下，有緣見到了楊文笏師父。

楊文笏師父誠心向佛，是虔誠的佛教徒，其太極拳得陳發科先生兒子陳照奎先生真傳。20世紀60年代，陳照奎先生辭去工作專職教拳，楊老師和一幫師兄弟就一直跟陳照奎先生學。楊老師原來有功夫底子，練拳刻苦，在陳照

陳式太極拳第十一代傳人楊文笏先生在石家莊練習陳式
太極拳一路之雀地龍勢，拍攝於1985年

奎先生的學生中威信很高，也是得照奎先生傳太極功夫最
完整的弟子之一。

　　楊老師教拳最大的特點就是嚴格和認真。從基本的無
極樁、磨盤樁開始，每個動作定勢，從頭到腳，從外到
內，從外形到勁路，務求精細和準確，然後就是定樁調
整。往往一個定勢就能到汗出如雨，雙腿顫抖的極限狀
態，卻還需繼續堅持。這樣的好處是一方面可以讓要領形
成肌肉記憶，另一方面也可以由定樁增長功力。這時我才
真正感受到前人所說的練功之苦。

　　冬日三九，夏日三伏，數度嚴寒酷暑下錘煉筋骨。我
每天凌晨起床練功，從無間斷，常常在極限狀態下痛苦磨
煉。在楊文笏師父的兄弟，也就是我三師叔的見證下，我
在練功的平房給楊師磕了頭，成為楊師正式的弟子。除了
太極拳的拳架定勢，師父還傳給我一些輔助功法（如單式

作者在北京南池子普渡寺前演武場練習陳式太極
十三槍之童子拜觀音勢，拍攝於2012年

拆練、推手技法、轉腳步、散手、十八羅漢樁、九宮要
轉、掌太極等）和器械（如大杆子攔拿扎基本功、十三
槍、太極劍等）。梨花槍加白猿棍套路因為很久不練，師
父說串不下來了。他帶著我去天壇附近找一些以前他的師
兄弟，算是正式跟師叔們介紹我，另外也想把梨花槍的套
路給找回來。

　　後來遇到他的一位姓李的師弟，還記得這趟梨花槍，
楊師就讓我把整趟梨花槍學下來。把套子串下來以後，我
練給他看，他說跟師爺傳的不一樣了，不是很滿意。後
來，為了將這趟槍找地道，我們爺倆很是下了工夫。我去
找了一些明清的老槍譜，仔細推敲，經過一段時間的研
究，基本上可以確定陳式梨花槍加白猿棍套路是明末的二
十四勢基本槍勢練法中的一種。

　　我對著師父找出來的師爺留下的槍譜，一勢一勢推敲印證，最後得出了一套比較接近楊師印象中師爺教的槍法。當時我按譜子練熟以後就教給了另一個師兄，以免以後再丟了。

　　在研究和印證槍譜的過程中，我也有機會拜見了幾位別的門派的前輩，有太極的，也有少林和形意八卦的，從老前輩的槍裏，我感受到了傳統武藝獨特的味道。那種舉重若輕、以靜待動、虛實莫測的獨特魅力讓我印象深刻。太極拳練到一定程度，招式動作已經沒有太大的意義，更多的是一種個性化的感悟和實踐。

　　「太極拳是什麼？」這個問題再一次浮現在我胸中。太極拳在拳理上有太極拳譜和拳論，在練法上有師父的傳承，在功夫上有自身的實踐和印證，這樣初步看來太極拳體系似乎已經比較完整。接下來的時間我在自己練拳的同時也幫師父維護在北航的太極拳班，並作為他的助教，給

楊文笏在北京航空航太大學綠苑給學員糾正拳架細節，拍攝於2009年

同學糾正動作和講解拳理，也帶同學們練拳架和推手。

私下裏我跟楊師在北航平房的小院裏，練一些太極的散手用法。他把拳架子拆開，跟我餵勁對練，讓我從身法、步法和時機上感受太極拳的技擊應用。這個時候，對於太極拳，我能體會到書上說的身肢放長的彈性、節節貫串的協調、蓄發轉換的靈活。

在和練別的武術的同學切磋交流的時候，我也能用自己的太極功力去克制對方的能力。但是，總體而言，我覺得自己還是缺點兒什麼，雖然身上具備了很多素材，但是，卻不能組織成一個前後一致的體系，還沒有形成一種太極拳在體系上的邏輯一致的美感，這裏面還有著不少規定和例外需要用前輩的話或者師爺的話強制把邏輯截斷。對於這樣的體系，我總感到不夠完美。因為，這樣的太極拳體系太複雜，複雜到有永遠學不完的東西。

• 拳遇通臂

在這種情況下，我遇見了我的第二位師父張生老師。遇到張生老師，是我的一個機緣。張師少時曾拜李堯臣先生為師，習練三皇炮捶，後遇通臂明師魏慶祥先生習祁家通臂拳。

張師熱愛通臂拳，並與通臂拳有緣，得通臂散手精髓，藝成後曾仿效前賢胡悅曇先生尋師訪藝，將散居各地的祁家通臂前輩名人之後串聯起來，在各家討教學習，融祁家通臂拳老少兩門六脈之精髓於一身。他又遍訪各地名師，切磋、

越女鬥猿公

交流、印證武學。通臂拳藝在他身上已臻化境，是罕見的得傳統武藝實戰技擊精髓的明師。記得第一次見先生，他就問了我一個問題：「太極練得不錯，得著了沒有？」當時我沒明白，什麼叫「得著了」？是練法，還是功力？

為說明這個「得著沒有」，他給我演示了傳統武藝的實戰。當時他只是虛虛地伸出食指和中指，讓我以最嚴密的防禦勢站好，他要用指尖點我咽喉。我經常和同學對練，也和現代散打、搏擊者有過一些擂臺交流，算是有一些實戰能力和實戰經驗，覺得護住自己咽喉要害問題不大，就依言站好，兩手看住自己上盤中線，兩腳分虛實，微微晃動著變化上半身，做了個相對穩妥又能左右上下變化的防禦的架勢。這時我的正面應該是沒有能讓對手直接突破中線防守的破綻了。

先生瞟了一眼我的架勢，隨意地左腳向左前方走了一步，隨著上步，右手向左前一領，然後變向，手指自然指向我咽喉位置，我下意識調整身形向左。這個意識從防禦

上講是對的，因為我最嚴密的防守是在中線。而在我向左時先生左前上步閃開中線，從斜前方進手，所以我隨著向左調整身形，將最強防禦的中線調整到對方的進攻路線上。

祁家通臂拳第七代傳人張生先生演示通臂拳單操手，拍攝於1998年

當我調好身形的時候，他右手食、中二指領勁已到我前手防禦位置；我前手微伸欲接他右肘（因肘部是手臂中節，變化不如梢節的手腕手指等部位靈活，又能透過肘部控制整條手臂的變化，所以，接手的時候我習慣封對方的肘部），眼看就要挨上的時候，先生的手忽然如飄空的帶子一樣不受力地變了方向，同時身形也閃回到了未上步之前的方位，右手直伸，從我左轉落空留下的正面空檔鑽入，食指、中指輕輕地點在了我的咽喉位置。這一去一回，一進一閃再一進，顯得自然而又從容，調開我的重兵佈防，尋得漏洞，一擊而中。

他收回手後，問我要不要再來，我當然還想再試試，於是我再次做好防守之勢，結果，他又輕鬆突破我的防守，點在咽喉。如是者多次，結果依然都是如此，而且每次進手方式都有所不同，且只用了兩根手指，掌和拳都沒有用。觀先生真是手如槍尖，臂如藤條，信步閒庭，莫測

虛實。讓我心中佩服不已。

問其中奧妙，先生笑著說：「這就是兵法所謂『詭詐虛實，逗引埋伏』，我用手法演示出來而已。」當下心中恍然，所謂「自古拳術通兵法，不知兵法莫習拳」，今天終於見識到了。我好像看見眼前有一扇門打開了，且裏面風光大好。

都說傳統武藝是傳統文化的精粹，和傳統文化經典一脈相承，那個時候，我感受到了傳統文化這座大山裏的一角風光。那次從張生老師那裏回來，我覺得要重新梳理一下對傳統太極拳的認知和理解。於是又回想到前面「得著了嗎？」這個問題。

張生老師對敵時所用的身法手法，明顯不是練熟了的套子，每次的應對和變化，似乎都是由我的狀態自然激發出來的。太極拳有「捨己從人」的原則，我看到了他在散手中身體力行的演示，沒有事先的預設，沒有先入為主的成算，一切都是那麼自然，就如水流渠中，隨寬窄高低，自然相應。這不就是太極拳的前輩們描述的神明的境界嗎？

這證明從通臂拳入手，經過身證心悟，也能達到太極拳論形容的境界。也就是說，某

作者演示陳式太極拳之演手紅捶，拍攝於2014年

一些看上去不同的練法最終得到的是同一個東西。那麼所謂門派，所謂秘傳，只是得到這個東西的不同路徑。

用一個比喻，就如種一棵蘋果樹，在不同的地方會有不同的方法，但無非是把不利於蘋果生長的各種因素去掉，創造一個有利於它生長和結果的環境。最終大家得到的果子，都是蘋果的味道。

就如我在張生老師那裏感受到的是在他身體裏生長的通臂拳果子的味道，要得到這個果子，我需要自己培養一顆通臂拳的幼苗，這顆幼苗於我而言，是在太極拳基礎上種植的，因為我的內部環境和資源是唯一的，所以，這兩種方式在一定的時候必然會合二為一。而我感覺到，通臂拳裏正好有我這棵太極拳之樹開花結果所缺少的營養。

於是，第二次拜訪張生老師時，我就想瞭解一下通臂拳基本的習練方法。他說，作為朋友，交流心得，切磋拳法是沒有問題的，但是要學習基本練法，是需要拜師才可以的，這也是對通臂拳前輩的尊重。他問我願不願意拜師學，我說需要得到楊師的同意才可以。我回去後徵求了楊師意見，結果楊師也同意我去學一些新的東西。於是我正式拜師張生老師，開始系統學習通臂拳藝。

在練習通臂拳基本功的時候，我是將原有的東西完全放下的，雖然有時會不自覺的帶出一些身形，但師父一提醒，我會馬上覺察到。在初步掌握通臂拳基本的活背法以後，在練習太極拳的時候我會有意識地將其中的一些通臂拳和太極拳一致的東西揉到其中。對於太極拳，我已經習慣成自然。這種習慣，其中有一些還是刻意做出來的，但

是練習多了就成了習慣。

　　而由通臂拳的練習，我覺察到原來習慣的太極拳中的那些刻意之舉，並慢慢地去糾正過來。而對於通臂拳，我是初學。初學不能帶著先入為主的成見，只能按照通臂拳的基本要求去練習，去改造自己的身心狀態。這樣，隨著通臂拳的積累，太極拳上一些原有的障礙也慢慢消融了。

　　在拜師的時候，師父問我，以後是想學通臂拳套路為主還是散手為主，我沒有猶豫地選了散手。我感覺通臂拳的精華都在散手的身法、步法的千錘百煉之中，套路練習還是有刻意表演的痕跡。

　　我在太極中已經找到內功，人的精力是有限的，我不能再去學一些新的套路，然後花大量的時間去煉化在身上。不煉化到身上的套路大多是沒有意義的花法。而用單勢裏相對簡單的規矩去糾正自身那些習慣了的刻意，應該

猿猴探臂

會有效得多。看得出來師父對我選擇散手為主也很欣慰，散手單操也是他得到通臂拳功夫的主要途徑。

從此，我就在一邊消化吸收著通臂拳的基本單勢，一邊完善著自身的太極拳。比如在太極拳練習時也要求身肢放長，具體到上肢的放長，原來我的理解是打開肩關節的骨縫，從而達到放長的目的；但在通臂拳的活背法裏是由讓整個膀子，包括肩胛骨部分，參與上臂的運動，使手臂前伸時多出一段膀子的長度，或在側伸時讓肩胛骨的舒張更多地參與到上臂的運動，從而使上肢更長一些。

比較著兩種方式，前者也是可以達到放長的要求的，但是這種放長有一個限度，肩關節的骨縫能伸長的極限就是關節開到將近脫臼的程度，開到最大寬度的骨縫大約是幾個公分。而第二種方式，前伸時最大可以增加大約半個肩膀的長度，放長長度可達10公分以上。側伸時因肩胛骨變得更靈活了，也可以多伸長肩胛骨的活動範圍，伸長的長度大約為幾個公分。

從實戰意義上講，前伸的長度對實戰的意義更大一些，畢竟雙方正面相對的機會比較多，而膀子活開了，能在身肢變長的同時，讓兩臂的可活動關節又增加了一個根節，更有利於靈活的變化。另外，因為膀子的前伸，讓兩臂之間的距離減少了約一個膀子的寬度，這樣更有利於雙臂對自身中線要害部位的防守。因此，簡單地從技擊功能分析，由活開膀子來放長上肢的方式不但能增加手臂長度，加大攻擊範圍，而且減小了雙臂之間的距離，更有利於對身體中線的防守。

這種變化更符合武藝的攻防的要求。因此，透過對比分析，對於太極拳的「身肢放長的彈性運動」的說法，我有了更為全面的認識。

這樣，經過幾年的學習和實踐體證，我感覺自己對傳統太極拳體系的脈絡的認識漸漸清晰了。

路在何方

• 雲遊尋訪

2009年我有機會去拜訪一些老前輩，看到傳統武藝在民間不容樂觀的現狀和前景。很多老前輩的後人都不想繼承自己父輩的東西，寧可出去當木匠、泥瓦匠，或者去工廠打工，卻不願練老輩留下來的家傳武藝。理由也很充分，這玩意兒不能指著吃飯，不能養家糊口。所以，老人看到有對武藝感興趣的年輕人來拜訪，都很高興。他們會不斷地跟我說他們習練一輩子的體悟，希望自己傳承的東西能有機會得到社會的承認，並且能繼續傳承下去。

各種民間項目都在申請非物質文化遺產的保護，從國家級到地方級都有。但是，當一種文化現象對當下和未來的人們都沒有必須存在的理由時，那麼，不管怎麼保護，消亡是不可避免的。

於是我有了探尋傳統武藝和傳統太極拳在現代社會是否必需的想法，也就是探尋有沒有一群人需要傳統武藝來起到雪中送炭的作用，傳統武術到底有沒有存在的意義。

作者演示陳式太極拳之雀地龍勢，拍攝於2013年

平日裏，公園、廣場隨處可見練太極健身的人們。事實上，太極拳對於他們的生活大多是錦上添花，是眾多選擇裏的一種。沒有太極拳，也許他們可以選擇散步、慢跑、踢毽子，或者廣場舞。

一種文化現象的續存和發展，歸根到底是由社會需求來推動的，如果沒有現代人們切身的需求，那麼傳統武藝的消逝難以避免。

一次偶然的機會，有一個跟我學太極拳的學生問我，有沒有可能去教盲人練習太極拳。我問他為什麼要教盲人？他跟我說了自己去盲校的感受，覺得盲人平時沒有適合的體育運動來強身。一些特殊的運動項目都需要有場地、特定器械的支持，特定人員的引導和教學，在沒有這些條件的時候，盲人大多不能自主地做運動，長期下來，身心健康很難保證。

我告訴他，從直覺上，盲人練傳統太極拳應該是可以

的，但我需要做個系統的可行性分析，要先瞭解盲人的學習能力、運動特點，然後才能知道針對盲人的傳統太極拳需要做哪些修改。

接下來的近半年時間裏，我去了一些盲人按摩院，去觀察和體會盲人按摩時候的動作和勁路特點。幾次下來，我感覺盲人是可以

成都特教的盲人孩子在教室上課，拍攝於2015年

學太極拳的，只是針對盲人這個特殊群體，還沒有現成的教學方法。而盲人這個群體，可能是我找到的第一個對太極拳有迫切需求的人群。

他們可以在自己比較熟悉的生活場地裏做緩慢柔和的太極拳練習，來主動地達到健身的需求。太極拳可以改善他們的平衡能力、柔韌性和肌肉力量，改善他們身體的盲態，緩和心中的焦慮和急躁。太極拳是他們有可能長期堅持的社會成本最低的健康運動方式。而傳統太極拳又可以很好地改善他們用勁發力的習慣，對盲人就業面最廣的按摩工作也有很好的提高和促進作用。

盲人是我發現的第一個真正需要太極拳的群體，也就是說，傳統太極拳在現代社會是可以有生命力的，這個發現讓我很振奮。但是我知道，要做好這件事需要付出大量的時間和精力。

我的本職工作主要是科研，科學研究也是我從小的興

趣所在。但在接觸了傳統文化和傳統武藝以後，我更希望
能將科學方法和傳統文化的精髓有機結合起來，讓優秀傳
統文化能在現代社會被更多的人所瞭解和需要，重新煥發
生命力。於是經過激烈的思想鬥爭，我在2009年底，遞交
了自己的辭職信，開始了新的生活。

那個時候，我身上有較為完整的太極拳藝，還有通臂
拳的技藝，也掌握一些形意拳、八卦掌的內容。辭職後，
我做的第一件事就是去各地尋訪傳統武藝的老前輩，去印
證和學習，開闊眼界，以對自己的見識和武藝有一個客觀
的定位。這樣，我用了近半年時間，去各地參學。

從南方的福建、江西到北方的河北、山西、陝西等
地，有幸得遇太極、八卦、形意、通臂、戴氏心意、關中
紅拳等各門裏德高望重的老先生的傳授。感受到許多地道
的傳統武藝練法、用法和技擊法，獲益良多，也慢慢理清
楚了傳統武藝的大致脈絡、理論和實操體系。至此，我具
備了自己設計太極拳課程的信心。

・盲人學太極

經過大半年時間的準備，我覺得可以試試去教盲人學習
傳統太極拳了。楊師也鼓勵我，讓我去將太極拳藝發揚光
大。透過多方努力，我聯繫上了河北省三河市一所民辦盲人
學校。這所學校條件比較差，學生來自全國各地，校長本人
也是盲人，學生在那裏學習一些文化知識和推拿按摩技術。

記得第一次去那裏是8月的一個大雨天，我到燕郊以

作者在河北三河盲校指導盲人學生習練太極拳，
拍攝於2010年

後一路留意路邊是否有盲人學校，一直到穿過三河市區，
到一個叫黃土莊鎮的地方，才在路邊看見一個很不顯眼的
牌子，進去以後，見到了校長和他的學生們。

學校裏一共有3個年級，70餘名學生。高年級的學生
平時多在三河市里的按摩院實習，平時可以學拳的有40多
名學生，其中差不多一半是沒有視力的全盲學生。本想先
挑10名學生做個試驗，完善一下教學方法。但是在感受到
全體同學的學習熱情後，我還是咬咬牙，決定同時教所有
的學生。

從那以後，我每週二早上5點多從北航出發，搶在路
上早高峰堵車之前趕到盲校，用一個上午的時間教孩子們
一到兩個式子。開始的時候，教學進行得非常困難。因為
孩子們對太極拳沒有概念，我只能先將一個動作線上路上
切分成一系列的定勢，然後將一個個定勢慢慢串起來，成
為連續的動作，並手把手地幫沒有視力的同學找太極拳連

非視覺太極拳教學

續變化的感覺。就這樣，第一次課，一上午的時間過去
了，大家只學了半個起勢。

第一次上課回來，我有些擔心，怕同學們一週以後把
要領忘了。這樣的話，會把大家的學習熱情磨滅掉。懷著
不確定的忐忑心情，又到週二，我早早就到了學校。學校
的早餐很簡單卻做得很用心。校長的母親，一個很和善的
老太太領著幾位工作人員一起做的饅頭，熬的小米南瓜
粥，有時還會有煮雞蛋。這裏的饅頭和粥吃起來很香，比
城裏超市買的更有糧食本身的味道。

上午8點整，第二次太極課開始了，我心裏有些沒
底，但是看著孩子們一板一眼的將上一次課的那半個起勢
做得規規矩矩的，心裏一下子就踏實了。

太極拳是需要用心體證的，孩子們用行動讓我切實印
證到了這一點。從此，視覺將不再是太極拳的障礙。有了
一個良好的開始，我對以後教好這群特殊孩子充滿了信
心。第二次課將太極拳最重要的「掤、捋、擠、按」要領

教完，下面一週時間，他們可以自己慢慢體會太極拳四正勁的味道。有了這個基礎，以後的教學也會順利很多。我們不斷地總結這些特殊的經驗和方法，不斷地完善到教學當中去。在一套拳學到一半左右時，這學期結束了。孩子們都要放假回家過春節了。

盲人孩子的寒假比較長，為了減少路途接送的麻煩，學校幾乎不放暑假，把假期統一安排在寒假放。寒假期間，同學們經常會來短信請教一些練拳的細節問題，幾乎每個孩子都在努力。他們也會告訴我自己練拳的感受和收穫，聽到他們或者說身體比以前好了，不容易感冒了，或者說回去教他們的家人練拳很快樂、很自豪，我也會很高興。這樣整個假期我都處在一種愉悅和幸福之中。同時，我也在做下一步課程的規劃和設計。

好不容易等到開學，回到盲校，看到孩子們能很熟練地將去年學的拳架子走下來，我很感動。新學期的教學順利了很多，一方面是因為孩子們已經對傳統太極拳的運動規律有了一定的感受，學起動作來會快很多；另一方面是因為孩子們充分發揮了團結互助的精神，有一定視力的孩子們會努力地去幫助沒有視力的同學糾正拳架子。

他們還會創造性地利用簡陋的自然環境，比如，盲人沒有視覺的參照，很難保證出腿的方向能符合要求，他們就借著學校的馬路牙子，來練習和校正出腿的方向，反反覆複地做，以便讓動作定型。

這樣的學習精神和主動的創造力，是很難在其他健全的太極拳學員身上看見的。所以在學習進度上，盲人學生

盲校學生練太極拳時用指尖的觸覺找到相對位
置，拍攝於2011年

已經不會比健全學員慢多少了，而在動作品質上也不比健
全學員差。勤能補拙，沒有視覺則用心補。透過這次特殊
的太極拳教學體驗，我收穫很多。

　　當我們放下得失心，用心地去做好一件事的時候，往
往會有出乎意料的收穫。原來一些先入為主的想法，在教
學中慢慢地被淨化。有些先天失明的盲人，對運動的概念
是沒有視覺形象參照的，他們在按自己的體會和理解打
拳，拳如其人，由糾正拳架子可理順他們心中的障礙。

　　有學生說，他們在鬱悶的時候會練拳，隨著練拳，心
情慢慢地就好了。我很高興太極拳能幫助到他們，也很高
興他們能用太極拳的體會來調整身心，與健全人平等地交
流感悟，交流心得，交流拳法。

　　開學後2個月左右時間，第一套拳終於完整教完了。
在教完最後一個收勢動作以後，我讓他們試著把整套拳連
起來練。我在旁邊靜靜地看著，其中有一位全盲的同學，

動作非常規整，一般健全學生在剛學完一遍的時候都做不到這麼規矩。這個時候我突然意識到，他從沒有見過別人練拳，也從來沒見過自己練拳，他的這套拳純粹是用心練下來的，真的是他心裏感受到的太極，當時我感覺自己的眼角有些濕潤了。

• 語路問心

隨後的兩年裏，我們成立了俠友新社，也就是後來的俠友太極書院，在傳授健全人的同時，我一直帶著這個學校的孩子們學習太極拳。在這個過程中，我也能明顯感受到這些孩子們的變化，他們開朗健康的形象也漸漸被社會大眾所認知和接受，各種主流媒體也對此有多次、全方位的報導。漸漸地我感覺到了自己的侷限，我的能力只能教這幾十個上百個學生，有沒有更有效的方式讓更多需要太極拳的孩子們受益呢？

在一次鳳凰衛視的採訪節目中，我表達了要培訓一些特教學校和貧困地區老師的想法，希望用3年時間培訓一批老師，讓這些老師們作為傳統太極拳的傳播者，把健康和快樂傳遞給更多的孩子。

正巧，2012年，有企業發起了一個「語路問行動」活動，在全國範圍內徵集夢想和實現夢想的計畫，並且要能「Keep Walking，一直向前走」去堅定地實現自己的夢想。我當時也是抱著試試看的想法提交了自己的夢想和計畫。「俠友心・太極夢」讓傳統文化的精粹，在現代社會

盲童太極

中繼續發揮自己獨特的作用,去幫助需要幫助的孩子們實現自己健康快樂的生活夢想。

在提交的近十萬份計畫裏,「俠友心·太極夢」出乎意料地進入了最終的前六名,獲得了廣大網友和企業的認可。

有了這筆資助,當年我們的俠友太極書院就在暑期組織了第一次「『俠友心·太極夢』全國特殊教育學校和貧困中小學教師培訓」。在多方朋友的熱情幫助下,為期2週的培訓緊張而又高效。近40位在一線教學的老師透過這次學習,初步具備了俠友太極拳的教學能力,能夠將太極拳和中醫經典結合,將健康和快樂帶給處於困難環境裏的少年兒童。

8月份培訓結束後,老師們帶著極大的熱情回到各地。9月份開學後,各地的教學開展得很順利。俠友每月都能收到來自廣西、雲南、貴州、四川、陝西、青海、甘肅、江西、安徽、山東、遼寧、河南、河北、北京延慶等

四川省大涼山俄青小學周美宏老師在指導孩子們
練習俠友太極拳，拍攝於2014年

各地特教學校、留守兒童學校和打工子弟學校的師生練習
實況視頻和照片的回饋。我們也會根據這些資料給老師們
提出具體的改進要求。

　　經由老師們的努力，孩子們的拳也漸漸有了模樣，新年
的各種活動，都出現了孩子們練太極拳的矯健身影。隨後的
2年，俠友每年暑期都安排了全國公益教師培訓，師生們在
京的所有吃住、學習、往返路費都由太極書院承擔。太極拳
是需要持續練習和糾正的，3年培訓下來，老師們對太極拳
有了比較完整和深入的理解。在這個過程中，老師們也由自
己身體力行地練習太極拳，感受到了自身健康狀況的改善。

●非視覺太極

　　太極拳中正，無為，不丟不頂。在教盲人學生練習的

時候，我的要求是從感受自身受力狀態開始，用最小的局部受力去完成太極拳動作的連續變化，而在這過程中身體會有各種或舒適或酸麻脹痛等感覺，這些感覺都是練拳過程中的正常狀態，在練習的過程中不要過分關注它，只需要用心去感受自身的重力、彈性和平衡，然後把緊張的肌肉和先入為主的想法都放鬆下來。這樣的練習，是練習太極拳最根本的方法，和太極拳流派無關，和練習者的狀態也無關。

　　這種狀態，因為沒有視覺的干擾，盲人更容易感受到。就如那天在盲校，學生們首次自己完整練習時，他們沒有先入為主的視覺感受，也不知道是否有人在旁邊看著，他們只是單純地在感受自己的動作、受力和平衡。這種非視覺的自然狀態，正是太極拳入門的重要途徑。

　　健全人學拳，容易去觀察和模仿老師的動作路線，這

「俠友心，太極夢」項目學校的學生表演俠友太極拳，拍攝於　2016年

作者太極大杆演示，拍攝於2012年

種由視覺的模仿，無疑是方便的，但卻會難以避免地把老師在動作上的缺陷或者一些個性化的習慣也學到自己身上。另外，在練拳時如果感覺到旁邊有觀眾，就會很容易進入表演狀態。練習者會有意無意地強化太極拳的視覺表現，把自以為更好看的動作表現得更充分一些，這恰是背離太極拳的內在要求的，也容易引起身體氣血運行的不通暢。所以，依賴視覺去學習太極拳、練習太極拳，並不是一個究竟的方法。

脫離視覺的束縛，從太極拳根本上去體會和感悟，讓拳和身心自然地融合，是為「非視覺太極」。

非視覺太極不是一個新的太極流派，而是最靠近傳統武藝根本的一種學習和體悟方法。傳統武藝有只殺敵不表演的說法。武藝非視覺、不表演的特點，更多的是為了使用效果上的突然性，出其不意，一擊必勝。這種特性來源

於古戰場上二馬錯鐙那一瞬間的生死立判。

而傳統武藝在近代以來，近百年的時間裏，更多的作用在於養生保健，以滿足人們身心健康的需求。太極拳是一種平衡方法，這個平衡體現在各個方面，包括調養身心和防身技擊能力的平衡。它在通經脈、調血氣、養身心的同時，又不失武藝本身的防身技擊功能。因此，太極拳的練習方式就有了規矩可循，也有了判別的依據。

太極拳的動作要符合人體生理特點，不可以讓正常的臟腑功能受到損傷，同時也要符合攻防技擊的原理，不能影響靈活變化和要害的防護。

而現代追求視覺效果的各種花法表演，除了有透支人體功能的風險外，也很難做到在嚴密防護的同時保持靈活變化能力這個基本的原則。這不符合太極拳隨時都給自己留下變化的餘地最基本的「掤」勁原則。

弘　揚

·醫武相合　以身證道

在多年傳授健全人和盲人太極拳的實踐中，我們漸漸明確了非視覺太極拳的概念。太極拳不僅是盲人群體所需要的，也是現代社會追求身心健康的人們所需要的一個普

俠友太極書院的學員在北航綠園晨練，拍攝於2016年

遍可行的鍛鍊方式。

現代最新的研究證明，合理的運動方式可以是良醫和良藥，運動可以治療和緩解很多常見的疾病，並且可以有效地降低許多疾病的發生概率。現代的健身訓練包括力量、柔韌、平衡、協調、有氧能力等。而傳統太極拳練習將這些要素包含其中，並且能根據人體內臟功能來自動匹配和調整。因此，現代對身體健康的統計指標也可以用來衡量太極拳練習的效果。

引入科學範疇的健康資料來衡量太極拳運動對健康的作用效果，是傳統太極拳融入現代社會生活非常必要而有效的途徑。用人們公認的資料來評價傳統武藝對健康的影響，除了可以消除人們對傳統武藝健身效果的疑惑外，也是一種甄選機制。這讓更多可以有效改善身體健康狀況的傳統武藝和傳統太極拳方法能有效地為大眾健康服務，去

偽存真，消除大眾對各種武藝門派的神秘感、質疑感，也有利於傳統武藝在現代重新煥發生機，從需要保護的文化遺產轉變為現代生活裏不可或缺的組成部分。

　　自古醫武不分家，學醫和習武都離不開身體力行的實踐印證。讓身體各部分功能保持在最佳狀態，醫者是已病後的補救，而武者更多的是未病前的預防。其理都在人體內臟的自然功能，而人體的基本功能從遠古到今天基本沒有改變，所以，古中醫的經典，到今天依舊可以指導診斷和治療，同樣，傳統武藝的練習方法也可以指導大家強身健體、養生和保健。

　　也許對一個事物，大家都期待完美，就如太極拳，我們希望它能養生，能防身，還能表演。養生和一定程度的防身能力是太極拳本質具有的，而表演功能卻是人們強加給太極拳的。從本質而言，所有的武藝都是非視覺、不表演的。防身技擊功能也不能超過養身保健要求的限度。就

作者給震後重建的都江堰天馬學校師生演示俠友太極拳，
拍攝於2015年

如一個國家，保家衛國的能力是保障生存和發展所必需的，但不能濫用武力，不能過分。透支國力的窮兵黷武，是災禍的根源。

以上就是我體證太極拳非視覺、不表演的歷程。一步步走來，到今天，我依然是傳統武藝修習路上的行路者。有無數人在我之前，比我走得更遠，體證更深。但是，只要還在這條路上，我們就還有希望，前人看到的風景也許跟我們不同，但這產生風景的根源是一樣的。

日出日落，雲起雲收，春夏秋冬，生長收藏，人在自然中出生，在自然中死去，變化是自然，不變的也是自然，自然不因是否有人觀察而存在，而人卻必定會去觀察自然。求知，尋真，上古天真便是太極拳之根。

最後，我說一下自己對練拳的認知。學拳練功，我們追求的不是某個老師的成就和模式，我們求的是身心狀態回復天真，合於自然之道。就這個目標而言，非視覺的學習，非視覺的感悟，都是修行自己。傳統拳藝裏面的方法和規律是前人為了復歸自然本源而不懈探索的結果，學者當珍之習之，而不應執之。

拳功基礎篇

動靜樁功

混元樁

・功法簡介

混元樁可以理解為混沌養元樁。傳說天地初生之前，混沌之體如一蛋懸空，尚無天地、上下、四方、陰陽的概念，直到有盤古在其中生成，如人形直立，不斷生長，以大斧開天闢地，從此清氣上為天，濁氣下為地。

盤古之身化生日月星辰、山川湖海，從而使宇宙有了生機，化育生命和人類。所以，古人認為生命之機來自混沌孕養。盤古就是宇宙的生機之源，在混沌中生育、生長壯大，直到有能力開天闢地。

這個寓言是一個隱喻。古人講天人合一，天地的生機來自混沌，而人之未生之時亦如此，以一胞胎孕育於母體之中，漂浮於羊水中就如天地未生前盤古生長於混沌之中一樣。此時是養先天之元氣之時，沒有後天多餘的耗散，孕養先天自然之原始能力，是為混沌養元。

而混元樁，就是要感受這未生之前混沌養元的狀態，收斂後天的各種耗散，回歸先天對稱、各向皆同的混沌狀態，以涵養一身之元氣。

•動作說明

　　身體自然直立，雙腳平行開立，與肩同寬。頭部正直，百會領起，脊柱放鬆，落胯微屈膝，同時兩臂從體側向前向上抬起。兩手指尖相對，合抱胸前，大拇指伸直，與中指相對，手心內含，呈拿東西狀。膝略向腳尖方向前扎，同時後胯向後與之平衡，腹股溝放鬆，會陰上提，小腹充實並放鬆，腳下放平，腳踝放鬆。

　　大約45分鐘後收功。收功時，吸氣，大拇指向前向外，小指向內，翻轉兩手心向上，平收回心口，此過程中依然手指尖相對，到心口後兩手翻轉成手心向下，同時向

混元樁正面圖　　　　　混元樁側面圖

兩邊拉開，呼氣，順兩肋向下按，身體回到自然直立位置。兩手掌心向前，兩臂自然伸直，向前合抱，兩掌相疊，右手掌心貼於左手手背，兩手勞宮穴正對肚臍，同時左腳收回，兩腳內側相貼，兩腿併住，意識在腹內從肚臍開始順時針轉圈，每圈直徑都變大一些，到第九圈時過頭頂和腳底，然後反向轉圈，直徑逐圈收小，第

混元樁收功圖

九圈回到肚臍內。放鬆，自然走動，混元樁收功畢。

• 要領與身心感受

兩手上抬時兩肩放鬆，指尖領起，兩臂如在水中向上浮起般自然放鬆。頭頂領起，鬆開大椎、夾脊、腰椎兩側、髖關節前側、膝關節、腳踝。腳心輕輕放下與地相接。鬆開兩肩、心口、上腹、兩肋。眼神收回到命門，並從命門關照全身。將全身各處在保持要領必用之勁力之外的、多餘的勁力去掉。

呼吸均勻柔和，吸氣時後背放鬆，氣要吸到命門，感覺到肚臍向後背命門處貼。呼吸時儘量不出聲音。

收功時意識圍繞肚臍轉圈要連綿不斷，正轉九圈時要

包含全身，轉換到反向時要有自然的圓弧轉換方向，不要突然變向。整個站椿過程中，精神不可散漫，頭頂的上領和肌肉氣血的沉降意識不能丟。

混元椿站椿強度和屈膝下坐的程度有關，每個人根據自己站椿時間來調整站椿高度，以自己能站到30分鐘到45分鐘為度。時間太短則效果不明顯，太長又會沉迷過度，45分鐘左右是比較合適的時間。

混元椿要領解析

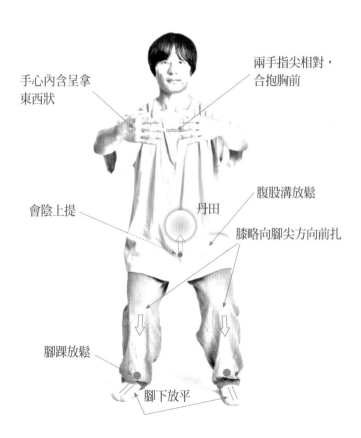

手心內含呈拿東西狀

兩手指尖相對，合抱胸前

會陰上提

丹田

腹股溝放鬆

膝略向腳尖方向前扎

腳踝放鬆

腳下放平

混元樁意識觀想

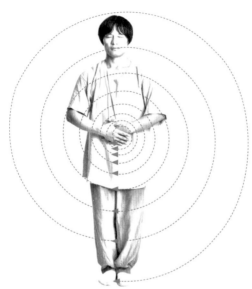

意識在腹內從肚臍開始順時針轉圈，每圈直徑慢慢變大，到第九圈時過頭頂和腳底。

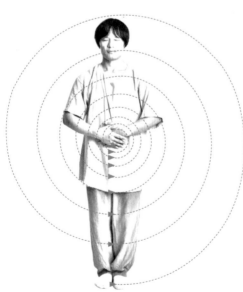

然後反向轉圈，直徑逐圈收小，第九圈回到肚臍內。放鬆，自然走動，混元樁收功畢。

開合樁功

・功法簡介

在初步學會太極拳架動作路線後，就需要體會身體的開合。雖在學習路線時，手腳四肢必然有開有合，但是如果沒有軀幹的配合，這樣的開合與身體內在的臟腑、經脈、氣血的運行之間就缺少了一個重要的聯結環節。

所以，丹田運動與四肢開合、軀幹開合相協調，再與呼吸相一致，這樣經過長期練習，才能真正將動作、呼吸和內在的氣血運行協同起來，才能真正體會到內外相合、剛柔相濟的太極拳門徑。

・動作說明

兩腳平行開立，相距兩倍半肩寬左右，頭頂虛靈頂勁，坐胯屈膝成馬步。兩臂手背向內，飽滿圓撐，合抱成圓，兩手齊心高，指尖距約一尺，沉肩墜肘，後背充分展開成弓形，如鍋底圓，胸腹內含，提肛收腹，兩膝內扣前扎，可略超過腳尖一寸左右。兩腳五趾抓地，腳心含空，同時深吸氣到丹田。此為開合樁之合式。

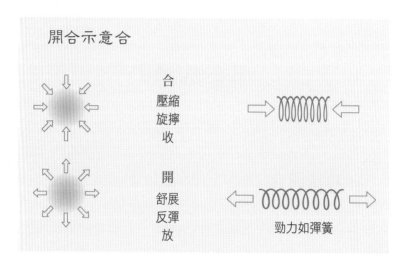

頭頂領勁不丟，於呼氣同時腳心貼地踩平，鬆腰落胯，胸腹展開，後背內合，兩手翻開成手心向上，兩手高度齊肩，在身體兩側與正前方成45°角方位。略抬頭，眼看斜上方，保持膝內扣的勁不變。此為開合樁之開式。

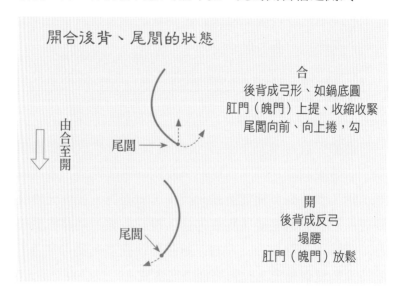

　　合式、開式可循環練習，與呼吸相合，一吸一呼對應一合一開。初練時動作應緩慢柔和，速度均勻，吸到頭時合勢成，呼到頭時開勢成。此為太極拳呼吸開合之單式練習，對略有基礎的太極拳練習者來說非常重要。

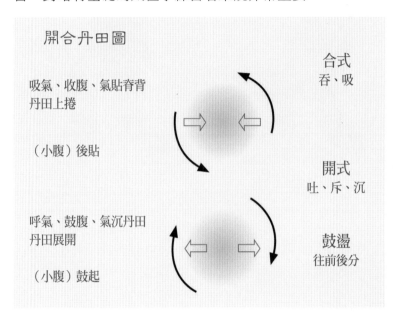

開合丹田圖

吸氣、收腹、氣貼脊背
丹田上捲

（小腹）後貼

呼氣、鼓腹、氣沉丹田
丹田展開

（小腹）鼓起

合式
吞、吸

開式
吐、斥、沉

鼓盪
往前後分

．要領與身心感受

　　開合樁功之關鍵在不用多餘的勁上。合式吸氣，開式呼氣，初練階段務必要慢，要節奏與呼吸相合，循序漸進，動作勁路做到無有斷續凹凸時，方能逐漸加快，雖快卻不能丟要領。熟練後可先加快呼氣，在開勢時發捊勁。所謂發勁，貴在自然，不要努氣拙力。蓄發轉換如開弓放箭，鬆活驚彈周身一家，氣力須直達四梢，方為功成。

開合樁之合式圖　　　　　　開合樁之開式圖

開合演示

開合樁功勁力解析

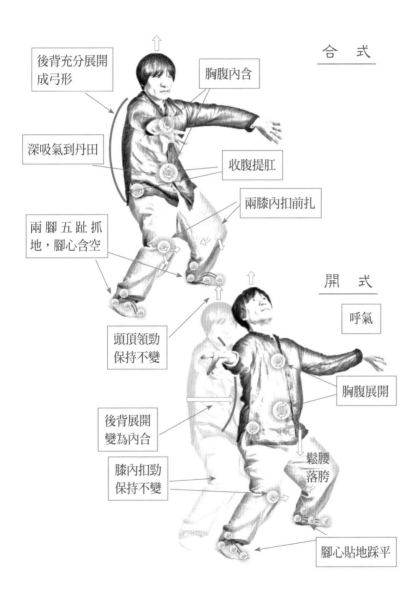

合　式

後背充分展開
成弓形

胸腹內含

深吸氣到丹田

收腹提肛

兩膝內扣前扎

兩腳五趾抓
地，腳心含空

頭頂領勁
保持不變

開　式

呼氣

胸腹展開

後背展開
變為內合

膝內扣勁
保持不變

鬆腰
落胯

腳心貼地踩平

連續變化過程

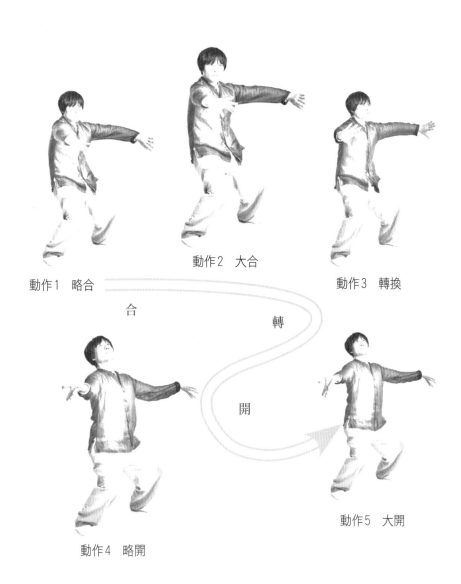

動作2　大合

動作1　略合

合

轉

動作3　轉換

開

動作4　略開

動作5　大開

磨盤樁

· 功法簡介

　　磨盤樁是陳式太極拳的一個最基礎也是最重要的動樁。磨盤樁練習的是腰、腿、胯在受力情況下的靈活變化能力。用磨盤來比喻胯部的運動是因為其運動是在水平面上的，就如磨盤的轉動一樣沒有上下起伏一樣。磨盤沉重平穩而不失靈活的形象，可對應太極拳對中下盤腰腿胯部狀態的要求，即下盤的沉穩，中盤的鬆活，可以從此樁練習中單獨領悟出來。

　　另外，磨盤樁還能初步練習太極拳拳架要求的身法開合、丹田滾動和兩肋虛實的變化，以後的拳法套路裏很多動作都有磨盤樁的影子。所以，從磨盤樁突破，不僅能鍛鍊人的身體狀態和意志力，也是太極拳入門非常有效的方法。

　　練習磨盤樁時，由丹田滾動，以膝、胯帶動腰背、胸腹的全方位運動，是對人體內臟一種很好的自我按摩，能促進脾胃消化吸收功能的發揮，提高心肺功能，改善人的有氧能力，增強肝腎循環，促進新陳代謝進程。

　　磨盤樁可以單獨用作養生保健的功法，是力量、柔韌、協調、平衡、有氧能力的綜合體現，可以有效提高人的身體素質。

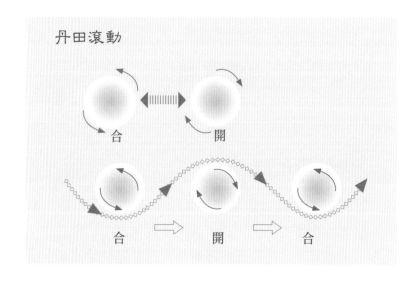

·動作說明

　　兩腳平行開立，腳心相距約兩倍肩寬，頭頂百會穴向上，略向前領勁，收下頷，坐胯屈膝，兩手掌心向下，指尖相對，掌根按於兩膝外側，略用力將兩膝向內側推，兩肘自然外掤，兩肩鬆沉，目光平視，腳底放平，圓襠鬆腰，心平氣和。初學時，因下盤功力不足，可以步子略收小些，相距一倍半肩寬左右，馬步也可高一些，這樣兩掌跟就不能夠到膝蓋外側，可以提高到大腿中部外側，掌根向內略用力推，使兩膝內扣合住勁，後胯放鬆，有外開之意，足底放平。

　　右膝領勁，沿向前、向右、向後、向左、再向前走圓形路徑，左膝跟隨，同步走圓。兩膝向前時，含胸提肛收腹，胯隨膝向前，肩向前下與胯相合，腳趾抓地，腳心湧泉穴含

空，後背成弓形。腳趾抓地，腳心上提的勁與肩向前下合的勁在後腰命門(脊柱上正對肚臍之兩節脊椎骨接縫)處相合。

　　膝向右運動時，右肋合左肋開，胯隨膝走圓弧向右，保持兩胯水平，脊柱從上到下弧形向右。膝向後運動時，後背合胸腹開，胯走水平圓弧向後，腳心湧泉穴貼地，腳底放平。膝向左運動時，左肋合右肋開，胯隨膝走圓弧向左，保持兩胯水平，脊柱從上到下弧形向左。

磨盤樁丹田滾動示意

提　示

　　練拳最關鍵的一點就是要學會走腰，人身腰是主宰，不會走腰，只晃盪胯，練不出功夫來。習拳時須靜下心，意識守住命門，命門兩側放鬆，上提下墜，反覆開合。

　　雙腳纏地，提肛收腹，開胸泛臀，全身各關節隨丹田轉動，周身氣息流轉。

　　膝從左向前運動並回到胸腹合、腰背開的狀態。重複以上過程，以力盡為度。略休息，再做反方向磨盤，數量與正

向相同。

　　膝胯向前運動過程是吸氣過程，胯到最前方時氣吸滿，從前向後運動時呼氣，到最後方時呼氣結束，再轉為吸氣。如此循環，一個完整的循環正好配合一個呼吸。

　　磨盤樁典型位置狀態圖

動作3
膝向後、後背合胸腹開

動作2　　　　　　　　動作1　　　　　　　　動作4
膝向右、右肋合左肋開　初始狀態　　膝向左、左肋合右肋開

動作5
膝向前、回到胸腹合腰背開

· 要領與身心感受

膝胯走圓過程中伴隨脊柱的前後左右彎曲擺動，腰部要有明顯的弓腰、塌腰和兩肋的開合虛實變化。轉動過程中腳踝要放鬆，腳底不能翻起，除腳心湧泉穴的上提和下沉運動之外，腳後跟和前腳掌不能局部離開地面。胯轉到正後方時，頭頂百會穴的領勁和胯沉墜的勁要有意識地加強，要坐住胯，以免在轉動過程中出現上下起伏。胸腹和腰背的開合變化，兩肋的虛實轉換，膝、胯和腳踝的靈活轉動共同保證了磨盤樁的完整運行。

另外，在練習過程中要注意呼吸均勻自然，即使在身體感覺累的時候也要保持呼吸暢通，切勿努氣或者憋氣。

初學時務必多加體會，在數量上可以循序漸進。從經驗而言，初學者在要領正確的前提下能一氣做夠10個，就相當不容易了，切記量力而行。練習的數量和強度可隨著功力增長逐漸增加。

反方向磨盤正面圖

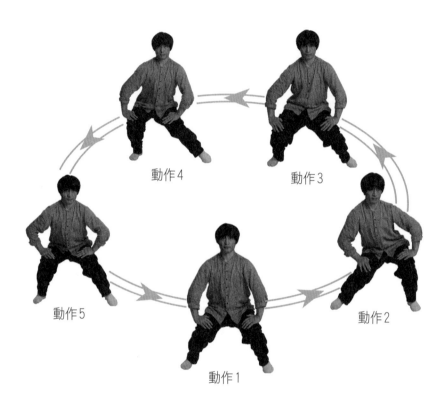

動作4

動作3

動作5

動作1

動作2

側面連續變化

磨盤樁解析之一

開合解析

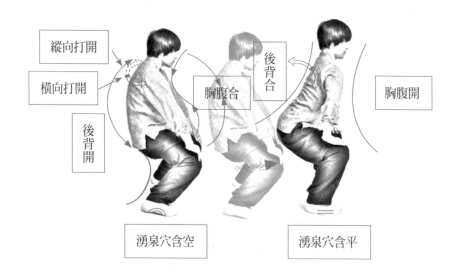

縱向打開
橫向打開
後背開
胸腹合
後背合
胸腹開
湧泉穴含空
湧泉穴含平

提　示

　　太極腰的練法，前後開合，左右旋轉，兩肋變換虛實，胸腹折疊。按這個練，功夫自己就長，慢慢地就能體會到內部的變化。全身都是一個球形發出來的勁。

磨盤樁解析之二

螺旋解析

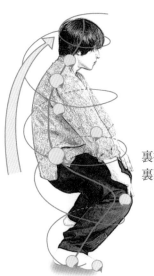

裏扣
裏裹

百會穴上領

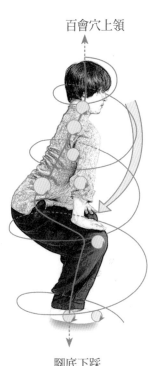

腳底下踩

提　示

　　太極拳的動作都是圓形的，人身上的關節處都是半圓形的，練習時從腳後跟、腳底下，到腳趾頭、腳踝，一直到膝、胯、腰，到肩，到手，都要走圓形。練功時思想意識要集中專注，萬緣放下。開始練拳必須要心靜，否則僅走架子，只能練外形，內裏面的功夫到不了上乘。

磨盤椿解析之三

提　示

　　生命和事物的發展變化都有一些關鍵的點，這些點往往就是陰陽轉化的樞紐，如果能找到這些關鍵點，用很小的勁就可以產生很大的效果。這種作用説大就大，説小就小，太極拳的功夫要練的就是這種東西。

　　動作要達到沒有凹凸處，沒有斷續處，渾然一圓，將全身的關節活開。

二郎擔山椿

‧功法簡介

二郎擔山本是象形取意，名字來源於二郎神擔山逐日的傳說。

以兩臂平伸前後一線為扁擔，以前弓後箭之大步應前行之象，以雙目凝神平視為逐日之意。從頭到腳，從四梢到脊骨，肌肉筋膜無不擰轉牽拉，鬆緊合度。力量、柔韌、平衡等各種身體功能鍛鍊比例恰當，精神意志、呼吸氣血協調一致方合此樁法度。

‧動作說明

兩腳內側併攏，腳尖並行向前，頭頂向上領勁，鬆開脊柱，落胯鬆肩。右腳前跨一大步，右膝前弓，左腿蹬直，兩腳內側在一條直線上。擰轉腰背，左肩向前，右肩向後，沉肩抬手，左臂向前伸直，右臂向後伸直，兩臂與肩同高，五指併攏，掌心向右伸直。兩臂兩肩成一直線，如擔山狀。

右膝和右腳尖豎直對齊，左腳腳跟蹬地，左腿挺直。

二郎擔山圖

兩髖關節轉軸連線與兩腳內側連線垂直。頭向正前方，下頜與左肩對齊，目光平視，鬆腰落胯，頭頂、頸椎、腰椎、尾椎保持豎直，全身放鬆。

胯要正，腰要撐，肩要平。做到位後，自然呼吸，以堅持3分鐘左右為度。另一側動作與以上為鏡像對稱不再贅述。

・要領與身心感受

兩腿弓箭步須將相應的肌肉和筋膜充分撐開，要能感受到弓拉開以後的彈性勁，兩腿的形狀正好是拉滿的弓從搭箭位置分開後的一半，前腿為弓的上半部，後腿為弦的一半，兩足內側連線所處正好是欲發射的羽箭。

　　而擰轉的脊柱和前後如擔山扁擔的兩臂，正好給兩腿彈性拉開導致的胯的轉動趨勢一個平衡，讓胯橫軸能保持在自然直立的位置。

　　頭頂的上領和胯下沉的墜勁相平衡，脊柱在擰轉的同時沿軸向的拉伸，有助於矯正日常生活工作習慣導致的腰椎、頸椎的勞損和錯位。

　　兩臂前後伸展和兩腿前弓後蹬勁是一對矛盾體，在練習時要細細體會。

　　初練時，儘量先保證兩腿的正確位置和受力狀態，前腿的膝關節對正腳尖，後腿蹬直並保證兩腳底內側、外側、腳掌前部和腳後跟受力均勻。

　　為保證其他要領和身體的平衡，初學時，後腳可以腳跟為軸外開30°左右。腰背擰轉的角度可以循序漸進，兩臂做不到一條線，也可適當錯開。必須保證呼吸通暢，不要憋氣。

鶴形樁

・功法簡介

鶴形樁亦是象形取意。禽類大多有獨立之能，白鶴腿細長，卻能卓然獨立，神清氣雅。此樁仿白鶴獨立之形，精神凝聚，氣定神和。以獨立下坐之勢，練下盤沉穩；以鶴立雞群之意，練神氣之清。

・動作說明

頭頂豎直虛領，自然站立，左腳尖略外擺，重心移到左腿，落左胯，屈左膝，右腿向前抬起，右膝微屈內扣，右腳尖回扣，腳底和地面平行，右腳高度和左膝相平。抬右腿的同時，右手瓦壟掌，掌心向左，指尖斜向前上方，放長右肩和右臂，令右手與右腳上下相對，右肘掩於中線，與右膝上下相合，屈左臂，抱於胸前，左手掌心向內，合於右肘內側，手指方向順右小臂，斜向前上方。鬆左胯，令左大腿中軸線與左腳中線在同一豎直平面上，左腳與地面均勻著力。

呼吸放鬆，勻和細長，默數9個呼吸後，右腳外擺與

鶴形樁圖

左腳成 90° 落於左腳前半步位置，移重心到右腿，快速抬左腿，伸左臂，屈右臂，定勢動作與前定勢呈鏡像對稱。

・要領及身心感受

鶴形樁獨立要有白鶴之形神，頭頂精神要領起，鬆腰落胯，意識要收斂到身體中線，腿屈之勢如弓，受力均勻而有彈性。眼神收於目內眥，從前手中指間處向遠處放出，不可散漫。呼吸不可急促，9 次呼吸看似不多，如要領基本做到位，亦可令支撐腿發熱如被火燒，此時務必要定住心神，保持外形安頤、清淨平和。

身體各部感覺酸麻脹痛之類時，皆平常心處之，並在保持住外形要領前提下盡可能鬆開肌肉僵力。

鶴形樁要領解析

立身中正，虛領頂勁，鼻尖、左右手小指指尖、
兩膝蓋和腳掌中心均在中線上

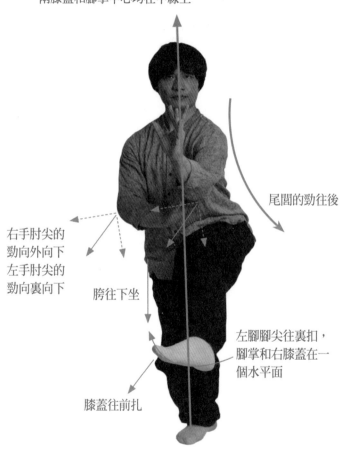

尾閭的勁往後

右手肘尖的
勁向外向下
左手肘尖的
勁向裏向下

胯往下坐

左腳腳尖往裏扣，
腳掌和右膝蓋在一
個水平面

膝蓋往前扎

拳功基礎篇

纏絲

瓦壟手

·動作簡介

瓦壟手也叫瓦壟掌，是陳式太極拳的基本手型，以全掌縱向呈瓦壟狀拱起而得名。

此手型在行拳過程中可自然引領梢節之順逆纏絲變化，是太極纏絲勁路源頭之一。所以，瓦壟手是太極拳手型之母。拳架子中變拳、變掌、變勾手都是基於這個手型配合纏絲變化才能做到轉換手型而不斷勁。

瓦壟手圖1

瓦壟手圖2

・動作說明

　　掌心內含，食指、中指、無名指、小指指尖領勁，向前伸展並微上挑，成反弓形。大拇指伸直，虎口充分撐圓，令拇指指面與中指正面相對。中指略下按，與拇指有對合之意，小指指尖領勁略上挑，將小臂的小魚際側到肘部的筋充分撐開。

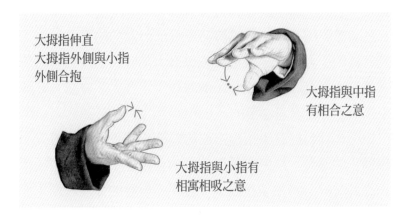

大拇指伸直
大拇指外側與小指
外側合抱

大拇指與中指
有相合之意

大拇指與小指有
相寓相吸之意

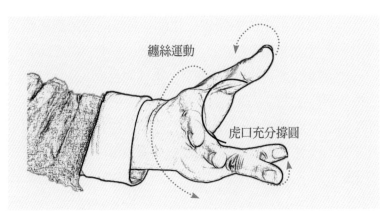

纏絲運動

虎口充分撐圓

·要領和身心感受

在保持瓦壟手外形要領的基礎上，將多餘的勁放鬆，也就是說，要保持手部各關節的靈活變化能力。這個手型初學者不是太容易做，那麼，為什麼要做出這樣一個手型呢？太極拳在練習時，要求各部分均勻受力。大家知道，在對身形各部分的要求中有一個很重要的要求，即「圓襠開胯」。

圓襠開胯，是保持襠胯部位關節周圍的筋骨肌肉張力和韌性的必要要求。這個要求好像大部分人都認為是理所當然的。但是，對於瓦壟手的要領，很多人卻會認為其把手變僵了，是沒有必要的。

現在我們把各手指根之間的關節和筋骨、肌肉看成一個個小的襠胯，那麼，襠胯開圓的要求是不是也適用於手指之間？只有將手型拱起來，各手指根節的彈性聯結才能體現出來。除大拇指之外其他四指的反弓角張是將這種彈性延展到每個手指尖的關鍵，也就是將氣血傳遞到每個手指尖十宣穴位的關鍵。

大拇指伸直，大拇指外側與小指外側合抱，是保持虎口穴位的彈性張開的基礎；而大拇指不能反張，也保證了勁路能順暢延伸到大拇指尖。四指的反張，就如同古代建築的斗拱末端的飛簷，是弓梢部位的反張，與頭頂一樣，統領全身虛靈變化。

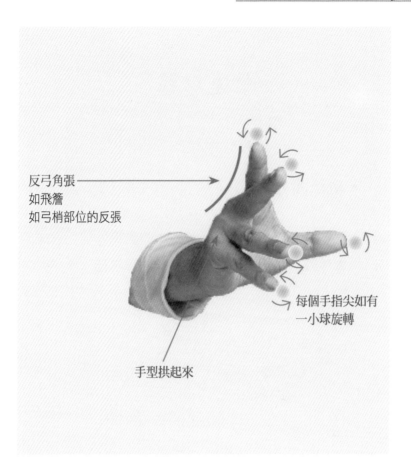

反弓角張
如飛簷
如弓梢部位的反張

每個手指尖如有
一小球旋轉

手型拱起來

順逆纏絲

・功法簡介

　　所謂纏絲，就是伴隨太極拳動作的裏裏外翻而形成的勁路螺旋纏繞式的運行和傳遞。是在熟練掌握太極拳開合

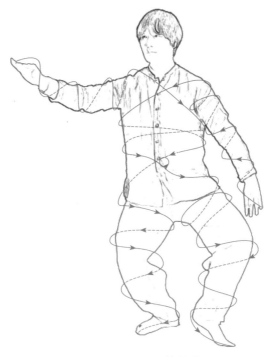

纏絲圖

虛實基礎上的勁力連續變化的基礎。太極拳的纏絲勁是全身筋骨、肌肉、臟腑、氣血乃至精神意識協同作用的結果，但從拳架練習而言，是頭、手和足等梢節部位順逆纏撑運動延展到全身的結果。

·動作說明

　　手部纏絲的順逆，我們知道，手的基本型是瓦壟手。在瓦壟手基礎上，大拇指尖領勁反挑，小指跟上，和大拇指間保持原來的相對位置，然後順次無名指、中指、食指跟隨，大指繼續順次領小指、無名指、中指、食指帶動整個手掌的撑轉，這樣的撑轉叫做「順纏絲運動」，簡稱「順纏」。動作次第不可搞錯。

　　反過來，如果小指尖領勁反挑，大拇指、食指、中指、無名指再到小指次第運轉帶動整個手做撑轉，叫做「逆纏絲運動」，簡稱「逆纏」。

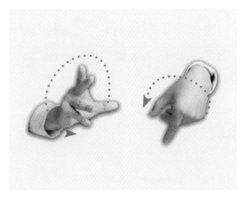

雙手纏絲1

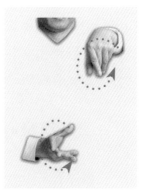

雙手纏絲2

為方便大家記憶，做一個形象的比喻。以前古代的大門，一般有兩扇，人站在門外，面向大門，兩手掌心分別貼在一扇門上向裏推，保持手掌在門上的位置不變，這時，手的運動就是逆纏。而人要出門時，站在門外雙手拉門，將門關上時，手的旋轉就是順纏。也可以理解為出門時將門順上，就是順纏。

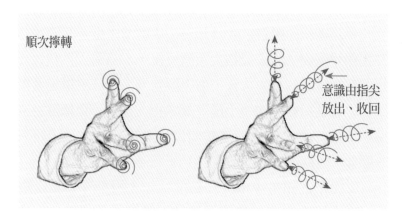

腳趾領勁的腿部纏絲相比上肢而言，要更難一些，這是因為腿腳不僅要有勁力的變化，還要有支撐全身重力的作用，但勁力螺旋運行的規律和手指領勁的臂部纏絲是一致的。大腳趾領勁向內的螺旋運動為順纏絲，小腳趾領勁向外的螺旋運動為逆纏絲。

・要領與身心感受

一般而言，伴隨大指領勁的順纏絲，在動作上是裏合的趨勢，勁力由梢節向中心運行；而伴隨小指領勁的逆纏

絲，在動作上是外開的趨勢，勁力由中心向梢節運行。在順、逆纏絲轉換時要注意整體勁力的對稱性，不能斷，不能丟。做到外形正確容易，而體會內在勁路的關聯性卻很難，需用心仔細體會，假以時日，方能有所感悟。順逆纏絲動作的好處是可由手三陰三陽經絡的次第轉動、變化，引領全身的經絡運動變化，鍛鍊內臟、養生。

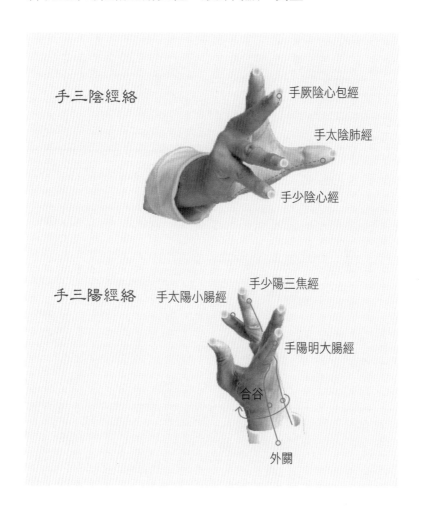

手三陰經絡

手厥陰心包經

手太陰肺經

手少陰心經

手三陽經絡　　手太陽小腸經

手少陽三焦經

手陽明大腸經

合谷

外關

功法篇

太極七勢問道

俠友太極問道拳概述

　　一直以來，我們都在嘗試尋找一種方法，讓太極拳能有效地融入現代生活，為現代人的健康需求服務。而傳統太極拳學習有「十年不出門」的說法，需要的時間太長了，在生活、工作節奏緊張而快速的今天，很難大規模地普及和推廣。而一些簡化的太極拳，又缺少傳統太極拳的功效和內涵，很難讓年輕人認可。

　　太極拳的功效與鍛鍊強度、鍛鍊時間之間的關係如何用量化的方式讓大家一目了然，讓練習者知道自己該練什麼，該怎麼練，對效果可以有一個什麼樣的預期，是我們嘗試要解決的問題。只有解決了這些問題，

　　傳統太極拳才能和現代健身方法一樣被現代主流社會所接受，為提高人們的身體素質、身體適應能力發揮其獨特的作用。

　　俠友太極問道拳包含了傳統太極拳的所有基本要素，可以用現代可定量的方式確定運動強度和運動時間，並可以用資料來衡量鍛鍊效果，調整鍛鍊方案。

　　這一套太極拳的基礎練法是太極拳可量化的最基本的單元，在這一套拳的基礎上我們可以用不同的強度和練習數量的組合來設計運動方案，適合不同體質的人群習練。

　　本拳的問世讓太極拳走出神秘和玄學的領域，更好地

為現代人的健康生活服務。拳的動作式子雖然不多，但是
要領、功力都沒有減少。

侠友太極問道歌

無極養生主，四正陰陽出。

更有懶扎衣，蕃秀火意足。

封閉固中土，肺金鎮白虎。

少陰藏精亟，單鞭變化出。

搗碓金剛勢，厥陰生風木。

再接懶扎衣，五行相生復。

莫嫌七勢少，問道太極圖。

動作詳解

·混元樁

> 混沌一體養真元，陰陽不見心自安。（詳見前文拳功基礎篇）

·磨盤樁

> 上領下墜如秤準，腰活胯轉似車輪。（詳見前文拳功基礎篇）

·第一勢　無極勢

面向正南方，自然站立，兩眼平視前方，耳聽身後。雙手自然垂於兩胯側，兩腳開立，腳內側與肩同寬。頭頂百會穴上領，下頜微收，同時沉肩墜肘，胯往下如坐高凳，膝蓋微彎曲，兩手中指肚和大拇指尖輕輕接觸褲子中縫，胯下坐，兩肘向身體兩側彎曲並撐開，兩手提至胯側，除中指肚和拇指尖外其他手指懸空，手型為瓦壟掌狀。下頜微收，含胸拔背（注：深吸一口氣之後慢慢呼出

時的狀態）。

兩膝略內扣，同時，兩胯後下方分別向兩邊微微打開，圓襠，使兩腳的腳掌和腳跟、腳底內外側受力均勻，體會圓襠開胯後下盤如橋拱一般的圓撐和穩定。

兩膝對準腳尖並有前扎之意，尾骨向下墜同時略向後坐，使其與膝的前扎之勁平衡，意識從遠處沿地面輕輕回收至兩腳之間，分開至兩腳心湧泉穴，到腳後跟沿腿後側中線上行，至胯骨後上行同時向脊椎靠近，收於命門（肚臍正對脊柱上兩節脊椎骨之間）並輕輕看住，所謂主宰在腰，以後練拳的所有動作，都由命門觀照全身，呼吸均勻自然，切忌憋氣，在保持要領的前提下，把多餘的勁去掉，全身在保持外形要領的情況下儘量放鬆。身背五張弓，拉滿。（圖無極勢-1、無極勢-2）

無極勢-1　　　　　　　　　無極勢-2

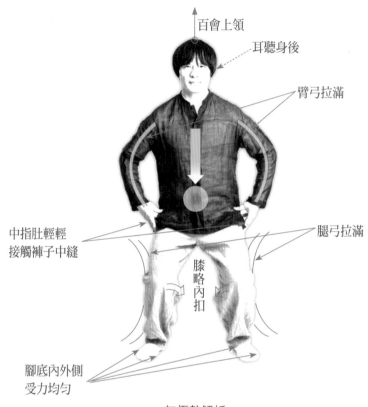

百會上領

耳聽身後

臂弓拉滿

腿弓拉滿

中指肚輕輕
接觸褲子中縫

膝略內扣

腳底內外側
受力均勻

無極勢解析

無極勢養生說明

　　無極勢形體端正，鬆靜安舒，以半坐半立之勢統身心之中正，體表處處合乎規矩，內氣清升濁降，精神內守，靜中寓動。將日常散漫之心神體態，盡歸於規矩合度之方。外靜內活，外寒裏熱，收斂神氣，運轉氣血，不忮不求，勿忘勿助，養六經太陽之氣。（太陽之上，寒氣治之，中見少陰。──《素問・六微旨大論》）

·第二勢 太極起勢

正向動作

由無極樁定勢到定勢一過渡，保持兩腳不動，身體轉向西南方。轉體同時雙手腕領勁向上提起，並向身體正前方放長，隨後展開，與身體一同轉向西南。

⊙定勢1（掤）

面與胸向西南，兩手掌心向身體右前下方，手掌和小臂自然順直，肘部自然彎曲，手高與腰齊，沉肩墜肘，兩腋下含空，能放置下自己的拳頭。屈膝鬆胯，膝蓋對準腳尖方向且不超過腳尖。左膝向外掤，右膝向裏扣，將兩腳底踩平，重心略偏左腳，呼吸自然。（圖起勢-1）

> **過 渡**
>
> 身體重心下沉，由面向西南轉向東南45°角方向，左手逆纏，轉成掌心向下，左臂向前向上掤出。同時右手順纏，轉成手心向上，跟隨左手並位於左手正下方一尺處，身體重心由偏左腿走後弧移到右腿。

⊙定勢2（掤）

立身中正，面向東南方向，身體重心完全在右腿。沉肩墜肘，左手與肩平，虎口位置位於身體前後正中截面上，手掌放水平，手指方向與小臂基本一致，左肘下沉略

起勢-1　　　　　　　　　　起勢-2

起勢-1　纏絲　　　　　　　起勢-2　纏絲

低於肩的高度並向前放長，把肩關節放開，肘關節內側夾
角約為120°。右手位於左手正下方，掌心向上，兩掌心相
距一尺遠，手指指向左前下方，右腋下含空，能容一拳，
右肘向下向外，將右肩關節放開。左膝內扣，右膝外捆，
右膝方向與右腳尖方向一致，重心完全在右腿，兩腳底內
外側受力均勻，自然呼吸。做到：虛靈頂勁，沉肩墜肘，
含胸拔背，氣沉丹田。（圖起勢-2）

> **過　渡**
>
> 　　身體重心往下沉，左臂略向左前方掤出，保持手臂弧度，右臂沉肩墜肘，右手手指向上，指尖領勁，順纏螺旋上升到與左手同高位置，位於身體正中方位。右肩右肘有前擠之意，保持左手掤勁不丟。

⊙定勢3（擠）

　　立身中正，面向東南方向，重心偏右腿。沉肩墜肘，左手與肩同高位於正前方略偏左，虎口正對左肩井方位，掌心向下。右手豎直向上，小指正對身體中線，右肘尖內側亦對正中，位於身體正前方一尺左右，右手指根與左手同高，兩手離身體距離基本相同。屈膝鬆胯，腳底踩平，斂臀含胸，後背成弓形。（圖起勢-3）

> **過　渡**
>
> 　　左手順纏，同時左肘保持向前的掤勁並下沉，使左臂與左手由橫轉豎。右手逆纏，右肘向外向上，右臂右手由豎變橫。同時腰為樞紐，保持腳底不動，身體向右轉，右肘領勁，兩手相距約一尺，隨身體右轉挒向西邊。

⊙定勢4（挒）

　　立身中正，面與胸向正西（可略偏南）。左手指豎直向上，左肘內側和左手虎口外側位於正前方中截面上，左手虎口與下頜等高，左肘尖與心窩齊，向前放長，腋下含

起勢-3　　　　　　　　　　起勢-4

起勢-3　纏絲

起勢-4　纏絲

空。右手與肩同高，右掌心向下，小指尖位於西北角方位，右肘略低於肩，兩手相距約一尺，右肘下墜並放長，保持掤勁不丟。右膝內扣，左膝外掤，保持兩膝對正足尖方向，腳底內外側受力一致，重心略偏左腿，保持脊柱豎直，圓襠開胯，沉肩墜肘，含胸拔背，氣沉丹田。（圖起勢-4）

過　渡

　　上身以腰為軸轉回面向正南方向，身體重心由偏左走後弧向兩腳正中移動。同時雙手由掌根領勁與身體同步向小腹前按下。

⊙定勢5（按）

　　沉肩墜肘，兩手虎口掤圓，兩手掌心向下，指尖相對，略向上翹起，手掌根按勁，位於小腹前一拳處。其他要領與預備式同。（圖起勢-5）

起勢-5

反向動作（與正向左右對稱）

過　渡

　　接上勢，由勁按定勢以後，保持兩腳不動，身體轉向東南方45°角，重心偏於右腳。轉體同時雙手腕領勁向上提，並向身體正前方放長，隨後展開，與身體一同轉向東南。

⊙定勢1（掤）

　　面與胸向東南，兩手掌心向身體左前下方，手掌和小

臂自然順直，肘部自然彎曲，手高於腰齊，沉肩墜肘，兩腋下含空，能放置下自己的拳頭。屈膝鬆胯，膝蓋對準腳尖方向且不超過腳尖。右膝向外掤，左膝向裏扣，將兩腳底踩平，重心略偏右腳，呼吸自然。（圖起勢反向-1）

起勢反向-1

過　渡

　　身體重心下沉，由面向東南方向轉為面向西南方向，雙手隨身體轉向同時右手轉成手心向下，左手手心向上，右手高度與肩平，右肘略低於肩，左手在右手正下方一尺，兩手皆位於身體縱向中軸面上。身體重心由右腿移向左腿。

⊙定勢2（掤）

　　立身中正，面向身體右邊45°角方向，身體重心分佈在左腿。沉肩墜肘，兩腋下含空，右手與肩同高，掌心向下，在面向身體右邊45°角方向向外掤出。左手置於小腹前與右手掌心相對，兩掌心相距一尺遠，左手指尖方向向前向下。右肘在右膝上方，右膝內扣，左膝外掤，兩腳底踩平，呼吸自然。（圖起勢反向-2）

過　渡

身體重心往下沉，左手
螺旋上升到與右手同高位
置。同時右手向外翻，沉肩
墜肘。

⊙定勢3（擠）

立身中正，面向身體右
邊45°角方向，重心分佈在
兩腿中間。沉肩墜肘，右手

起勢反向-2

與肩同高在右邊45°角方向向外掤出，右手掌心向外向下。
左手掩護在身體的中線，肘尖對著自己的心窩，左手與右手
同高，指尖向上，兩手之間一肘之距。屈膝鬆胯，腳底踩
平，呼氣放鬆。（圖起勢反向-3）

起勢反向-3

過渡1

　　兩手翻轉為右手掌心向上，左手掌心向下。腰部由面向身體右邊45°角方向轉到面向身體左邊90°角方向的位置，同時兩手由左肘領勁捋向身體左邊方向。

過渡2

　　右手順纏，同時右肘保持向前的掤勁並下沉，使右臂與右手由橫轉豎。左手逆纏，左肘向外向上，左臂左手由豎變橫。同時腰為樞紐，保持腳底不動，身體向左轉，左肘領勁，兩手相距約一尺，隨身體左轉捋向東邊。體會全身上下的擰轉彈簧勁。

彈簧勁　 收

 放

⊙定勢4（捋）

　　立身中正，面與胸向正東（可略偏南）。右手指豎直向上，右肘內側和右手虎口外側位於正前方中截面上，右手虎口與下頷等高，右肘尖與心窩齊，向前放長，腋下含空。左手與肩同高，左掌心向下，小指尖位於東北角方位，左肘略低於肩，兩手相距約一尺，左

起勢反向-4

肘下墜並放長，保持掤勁不丟。左膝內扣，右膝外掤，保持兩膝對正足尖方向，腳底內外側受力一致，重心略偏右腿，保持脊柱豎直，圓襠開胯，沉肩墜肘，含胸拔背，氣沉丹田。（圖起勢反向-4）

太極起勢養生說明

掤、擠、捋、按四正勁為太極勁法之經緯，肌肉筋骨節節擰轉，周身掤圓，協調運轉，開合虛實，變換有度，消化水穀，汗出漤漤，為陽明運化之象。久練可強陽明之氣，增強胃與大腸的功能。（陽明之上，燥氣治之，中見太陰。——《素問·六微旨大論》）

·第三勢　懶扎衣

過　渡

由面向東轉向正南，左手隨轉體下壓至胯高度，右手逆纏變手心向下，並外掤與肩同高，兩臂分別向身體兩側前45°角方向展開，身肢放長，重心由右後轉回兩腳正中，面向正南。

⊙定勢1

立身中正，面向正南，兩臂向身體兩側斜前展開，左手掌心向下位於左胯斜前方。右手掌心亦向下高與肩平，兩腋下含空，身肢放長，沉肩墜肘，呼氣放鬆。（圖懶扎衣-1）

過 渡

重心下沉走後弧移到左腿。左手由下走上弧保持掤勁不丟，到中線後立掌至右肩前，同時右手由上向下走下弧當右肘到最下方時順前弧向上，重心完全移到左腿，提右腿，右肘與右膝相合於身體正前方中線位置，右手外、左手內，交叉合於胸前。

⊙定勢2

重心完全在左腿，屈左膝，右肘與右膝相合在身體正前方中線位置。右手右小臂指向左前上方，右手掌心向上，小指對準自己的嘴和鼻尖。左手立掌護在右肩前，左肘下沉並外掤，左臂飽滿圓撐，環抱胸前。右腳腳尖向上勾，左胯部放鬆，腳底踩平。（圖懶扎衣-2、懶扎衣-3）

懶扎衣-1　　　　　懶扎衣-2　　　　　懶扎衣-3

懶扎衣-2　手部纏絲

懶扎衣-3　手部纏絲

懶扎衣-2　腿部纏絲

懶扎衣-3　腿部纏絲

過　渡

　　身體重心下沉，右腳跟內側著地（兩腳間相距一尺遠），兩腳平行，右腳向右鏟出（出腿如履薄冰），重心保持在左腿，並隨右腳鏟出而下沉，保持右膝微曲，頭向右轉，同時右手向左前上方45°角方向放長，右肘對準膻中穴，視線向右下方。

⊙定勢3

　　重心完全在左腿，右腳跟內側著地，向西伸出，屈膝外掤，腳尖向裏扣。右臂向左前上方45°角放長，右肘裏

合下沉在膻中穴前方一尺左右，左手位於右肩前方，立掌，掌心向右，護住右腮。左膝對準左腳尖方向。此定勢右手向左前上方放長和右腳跟向西鏟出對稱，勢如張弓，體會拳中身肢放長的螺旋勁。身體螺旋伸展，螺旋收縮，如擰彈簧一般。（圖懶扎衣-4）

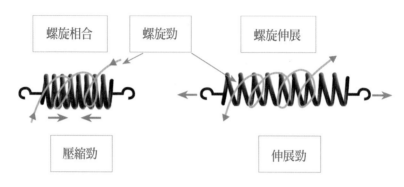

身肢放長螺旋勁示意圖

過 渡

身體下沉，右腳落實，重心移向右腿，同時右手繼續向左前上方放長，右肩向東轉，保持右手絕對空間位置不變（圖懶扎衣-5）。重心移到右腿後，左手螺旋下沉到小腹前，手心向上，手指向上，右肘領勁，以腰為軸向右邊展開，重心走後弧。

⊙定勢4

立身中正，身體重心分佈左腿四成勁，右腿六成勁。沉肩墜肘，右手與肩平，掌心向下置於右前方45°方向，右肘略低於肩。左手置於小腹前，五指豎直向上，左腋下含空，左肘外掤，意識從右手中指向遠處放長。右膝裏

扣，左膝外掤，含胸拔背，氣沉丹田，耳聽身後，呼氣放鬆。（圖懶扎衣-6）

懶扎衣-4　　　　　懶扎衣-5　　　　　懶扎衣-6

開合示意

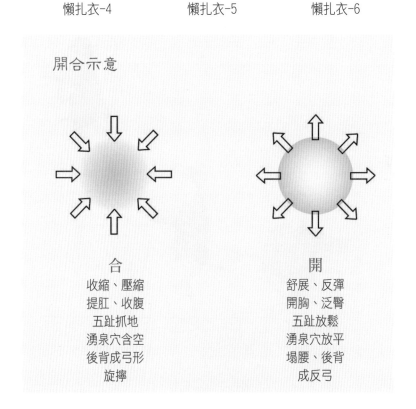

合
收縮、壓縮
提肛、收腹
五趾抓地
湧泉穴含空
後背成弓形
旋擰

開
舒展、反彈
開胸、泛臀
五趾放鬆
湧泉穴放平
塌腰、後背
成反弓

懶扎衣連續動作

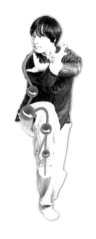

懶扎衣勢養生說明

懶扎衣收放轉換，架子變化過程中或左下右上、或左屈右伸，人體右為表，左為裏，表開展而裏收斂，表為陽，裏為陰，是為離卦之象。進退左右，虛實轉換，少火之氣壯。懶扎衣一勢，可養少陽之火以奉身生。（少陽之上，火氣治之，中見厥陰。——《素問・六微旨大論》）

・第四勢　六封四閉

過　渡

右掌心向外，右臂掤圓，左肘裏合與右臂之圓弧相應，並使後背掤圓，重心略向右引（圖六封四閉-1）。身體重心走後弧移到左腿，同時右臂走下弧，小臂水平，右手掌心向左，右手和右肘移到身體中線，右腋下含空能容一拳，身體面南（圖六封四閉-2）。

六封四閉-1

六封四閉-2

⊙定勢1

　　立身中正，身體重心在左腿，眼睛平視前方。左手折疊與右手合於身體中線，右手腕與左肘相合，右手掌心方向向左，虎口向上。沉肩墜肘，含胸拔背，提肛收腹，左膝外掤，右膝內扣，腳底踩平。（圖六封四閉-3）

　　　過　渡

　　身體下沉，重心走前弧移到右腿。隨重心右移，以腰為軸，兩臂合抱掤圓，向正西方向掤出，同時右手掌心轉向外。

六封四閉-3

⊙定勢2

立身中正，重心偏於右腿，腰以上向右擰轉90°，面向正西。兩臂合抱胸前，向西掤圓，左前臂在內，掌心向裏。右前臂在外，掌心向外，右膝有內扣勁，左膝有外掤勁，保持兩腳與地之間的作用力為正壓力。沉肩墜肘，含胸拔背，氣沉丹田，腳底踩平。（圖六封四閉-4、六封四閉-5）

六封四閉-4　　　　　　　　　六封四閉-5

提　示

小腹、胸腰前後開合、左右旋轉，此動作可連續重複練習。體會丹田運轉，前後開合。

過　渡

左肘向下，左手腕領勁向下、向前、向上成U形運動，右手保持和左手相距一尺左右距離，跟隨左手運動，身體重心由右腿移到兩腿中間，腰以上部分由向正西轉回到正南。

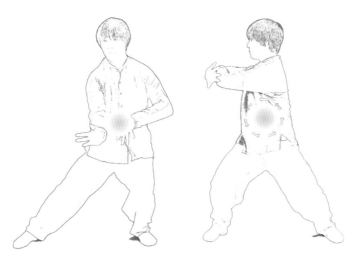

丹田連續動作示意

丹田轉動

⊙定勢3

　　立身中正，重心在兩腿中間，下盤為正馬步。左手手心和手指正對自己的口鼻位置，左肘對準膻中位置。右手手心向上，位於右前方45°，小指對準右外眼角方位。兩手相平，距離約一尺，兩肘距離身體約一尺遠。沉肩墜肘，含胸拔背，氣沉丹田。（圖六封四閉-6）

六封四閉-6

過 渡

　身體重心不變，左手展開，與右手掌心相對，兩肘裏合，同時兩手往回置於兩耳側下方，手心向內，在兩手向回運動過程中兩肘尖繼續裏合相觸並向上挑向外打開，頭頂領勁不丟，脊柱節節放鬆，胯微下沉。

⊙定勢 4

　立身中正，正馬步。兩掌心相對位於耳根下方，兩肘尖位於兩側上方，略高於肩，前胸開後背合，頭頂領勁，鬆腰落胯，兩膝內扣，腳底放平，眼睛平視前方。
（圖六封四閉-7）

六封四閉-7

胸合背開

合勁示意圖

挑勁

胸開背合

開勁示意圖

> **過　渡**
> 　　身體重心走後弧完全移到右腿，左腳由腳後跟領勁弧形收回到右腳內側前腳掌著地，腳後跟離地。在轉移重心的同時兩手由耳根向下按並略向前推，虎口相對撐圓，如京劇老生拀長髯狀。

⊙定勢5

　　立身中正，身體重心完全在右腿，右胯、右膝與右腳尖在同一個豎直平面上。左腳後跟對準右腳內側中間，兩腳垂直，呈丁字步，兩腳間距約一拳，左腳前腳掌著地，腳後跟提起。左膝上提，對準左腳尖方向領勁掤圓，兩腋下含空，兩臂掤圓，虎口相對，掌心向下，兩手在右胯前方。沉肩墜肘，提膝落胯，氣沉丹田。（圖六封四閉-8、六封四閉-9）

六封四閉-8　　　　　　　　六封四閉-9

六封四閉開合虛實纏絲連續變化圖

六封四閉勢養生說明

六封四閉由懶扎衣之開展而收束，由陽而入陰。先有穩固承托之中定，象脾土承托四方，再有開胸挑肘，束身下按之斂收，應肺金之宣發肅降。故六封四閉之勢，由脾土而肺金，應五行「土生金」之象而養太陰之濕氣。（太陰之上，濕氣治之，中見陽明。——《素問·六微旨大論》）

· 第五勢　單　鞭

過　渡

身體下沉，由面向正南轉向西南45°角方向，重心完全分佈在右腿。同時左手螺旋上升，左肘裏合，掩在身體中線。右手螺旋下沉，右掌跟與左肘內側相合，右手指順左前臂方向。同時左腿以左前腳掌為支點，左膝裏扣，與右膝內後側相合。

⊙定勢1

立身中正，面向西南方向，重心在右腿。左膝內扣與右膝窩內側相合。左腳前腳掌著地，腳跟提起向外微擺。左肘掩在身體中線，對準自己心窩方向，左手掌心向上，小指對準自己嘴和鼻尖。右手掌心貼在左肘內側，指尖順著左手方向。沉肩墜肘，含胸拔背，屈膝鬆胯，呼氣放鬆。（圖單鞭-1正面、單鞭-1側面）

單鞭-1　正面　　　　　　單鞭-1　側面

纏絲圖

過　渡

身體由面向西南轉回正南。右手在左肘下方做勾手，手腕領勁順著左手指尖方向向身體右邊45°角方向掤出，右手與右肩同高。同時左腳以前腳掌為支點，轉回呈丁字步。

⊙定勢2

立身中正，面向身體正南，重心在右腿。左腳後跟對準右腳內側中間呈丁字步，兩腳間一拳之距。右勾手折腕，掌心向內，位於右前，與肩同高，右肘略下墜，低於肩。左手沉肩墜肘，腋下含空，小臂水平置於小腹前，五指與掌心豎直向上。虛靈頂勁，沉肩墜肘，圓襠開胯，呼氣放鬆。（圖單鞭-2）

過　渡

身體重心微下沉，右手勾手由向左翻轉為斜向右下，同時左腳提膝與左肘相合在身體正前方中線。

單鞭-2

⊙定勢3

頭頂向上領住勁，右腿彎曲，右胯下坐，重心穩定在右腿。右手勾手斜向外，在身體右前方45°角方位，略低

於肩，右肘下沉同時向外掤圓，略低於手。左肘與左膝相合在身體正前方，左手位於小腹前，手心向上，手指豎直向上，左腳尖勾起。胸腹裏合，後背掤圓，提肛收腹，右胯、右膝與右足在同一豎直平面內。（圖單鞭-3）

過　渡

身體重心下沉，左腳後跟內側著地，兩腳平行，距一尺遠，腳尖內扣，向左貼地鏟出。

⊙定勢4

立身中正，重心在右腿。左手置於小腹前，五指豎直向上。右手在右前方，保持上一個定勢位置，左腳跟內側著地，腳尖回扣，和右腳平行，兩腳間距離略大於兩倍肩寬，左膝微屈並內扣。（圖單鞭-4）

單鞭-3　　　　　　　　　單鞭-4

過　渡

身體重心由右腿走後弧換到左腿，右手勾手轉成手心向下，保持空間位置不動，右肩放長，左手保持在小腹前（圖單鞭-5）。重心再由左腿走前弧換回到右腿。同時左手由小腹前的位置螺旋上升同時向前放長，沉肩墜肘，右手勾手外旋，保持空間位置不動。

⊙定勢5

立身中正，重心在右腿。右勾手位置與定勢4同。左手沉肩墜肘，小臂豎直向上在身體中線位置，小指尖對鼻尖。左手與右手相平，兩手相距一尺。沉肩墜肘，屈膝鬆胯，腳底踩平。（圖單鞭-6）

單鞭-5　　　　　　　　　單鞭-6

過　渡

　　重心由右腿走下弧左移，同時左肘領勁向外放長並展開，右手腕向外側微扣，勾手手指由鳳眼形變圓形。

⊙定勢6

　　立身中正，重心位於左腿七成勁，右腿三成勁。左手與肩平，肘略墜下，掌心向下，向東偏南方向放長，右手位於右肩西略偏南方位，兩手對稱放長伸展。左膝裏扣，右膝外掤，圓襠開胯，兩

單鞭-7

腳底受力均勻。意識順著左手中指方向向遠處放長。（圖單鞭-7）

單鞭勢養生說明

　　單鞭一勢，裹束閃展，變化虛實，顧盼開合，有坎水之象，五行屬水，五臟為腎，為作強之官，造化生成，可養少陰之氣。（少陰之上，熱氣治之，中見太陽。——《素問・六微旨大論》）

・第六勢　金剛搗碓

過　渡

　　兩手變掌，左手向左下方，右手向右上方放長蓄勁。同時身體重心右移。重心走後弧移向左腿，左手走上弧，右手走下弧，兩手交叉合於左前。重心走下弧回到正中，兩手成十字手向前掤出，右手腕內側和左手腕外側相接，兩手立掌，手背相對，位於胸口正前方，兩臂外掤。

⊙定勢1

　　立身中正，下盤為正馬步，兩手在胸前交叉向外掤出。左手在內，右手在外，兩手背相對，立掌向外掤，後背與兩臂勁要圓。兩膝略往裏扣，腳底踩平。虛靈頂勁，含胸拔背，氣沉丹田，呼氣放鬆。（圖金剛搗碓-1）

過　渡

　　順上勢兩臂外掤勁，左手向左下，右手向右上打開，掌心轉為向下，重心右移（圖金剛搗碓-2）。到左右肘分別與左右膝豎直相對的方位，身體重心走後弧向左腿轉換。重心完全換到左腿時，右肘與右膝相合，右腳前腳掌內側著地，向左經左腳內側後向前略向外走弧線，沉肩墜肘，右小臂保持水平，右肘與右膝同時走內弧向前，右手轉成掌心向上，右肘內側和右手小指連線正對心口，同時左手先外展然後向上向內，手指經過耳根下方，向前走弧形並自然轉成掌心向下，中指端輕觸右前臂中點。右腳前腳掌著地，右膝內扣，右腳跟略向外展。

金剛搗碓-1　　　　　　　　金剛搗碓-2

⊙定勢2

　　立身中正，重心完全在左腿。右腳在右前方約一尺，前腳掌著地腳踝放鬆，腳後跟向外微擺。右手與肩平，掌心向上，中指領勁指向前下，右肘掩在身體中線，肘尖對準自己的心窩方向。

　　左肘下塌外碾，小臂水平，掌心向下，中指置於右手的肘與手腕中間。虛靈頂勁，耳聽身後。（圖金剛搗碓-3、金剛搗碓-4）

過　渡

　　身體重心向下沉，左手螺旋下沉到小腹前，掌心向上，右手由掌變拳。右腳尖上勾，提起。

金剛搗碓-3

金剛搗碓-4

⊙定勢3

　　左腿獨立支撐，右肘放長與右膝合在身體中線，右腳尖向上勾起，右手成拳與肩同高。左手掌心向上置於小腹前。（圖金剛搗碓-5、金剛搗碓-6）

金剛搗碓-5

金剛搗碓-6

過　渡

　　保持重心高度不變，右腳走上弧收回，腳底放平，右腿所有肌肉放鬆，右腳自由下落震腳在左腳旁，兩腳跟相距約一拳，同時右肘向右下橫開，右拳落於左掌，右拳背與左掌心合擊與右腳落地同時（出一個聲音）。

⊙定勢4

　　立身中正，重心完全在左腿，右腳與左腳平齊，腳後跟之間距離約為自己的一拳。左手掌心向上，右拳落於左掌心，左手內勞宮穴與右手外勞宮穴相合。

　　兩前臂成一直線，兩腋下含空，沉肩墜肘，呼氣放鬆。（圖金剛搗碓-7）

金剛搗碓-7

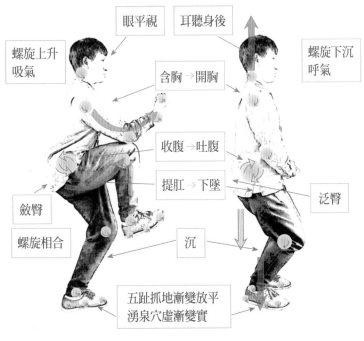

眼平視　耳聽身後

螺旋上升
吸氣

含胸 → 開胸

螺旋下沉
呼氣

收腹 → 吐腹

提肛 → 下墜

泛臀

斂臀

螺旋相合

沉

五趾抓地漸變放平
湧泉穴虛漸變實

金剛搗碓勁力解析

提　示

抬腿時注意身體下沉，全身有上升部位必有下沉部位。升沉勁是升中有沉，沉中有升。腰以上螺旋上升，腰以下螺旋下沉。

外形的動作，都要與丹田轉動協調一致，才能出整勁。

行拳中氣血流於梢節、皮膚、四肢百骸，不瘀滯。

眼神向前平視，耳聽身後，內固精神，外示安逸。練拳中「眼不旁視，足證心不二用」。

意念一動，眼神先動，「百拳之法，眼為先鋒」。

此式進中有退，驚雷落地，生機萌發，應東方震卦。

上虛下實，可對治人身之疾病。現代人多為上實下虛，如高血壓，糖尿病。要持之以恆鍛鍊，方可改變身心。

金剛搗碓勢養生說明

金剛搗碓勢進中有退，驚雷落地，生機萌發，乃春氣之應，驚蟄之象，應東方震卦，五行屬木，五臟為肝。搗碓勢本為太極之終，又為五行之始，終而又始，陰收陽長，可養厥陰之氣。（厥陰之上，風氣治之，中見少陽。——《素問・六微旨大論》）

・第七勢　收　勢

立身中正，重心換到兩腳中間。右拳變掌，吸氣，兩手掌心向上提起並分開，手指相對到與心口相平，注意鬆肩。兩掌平拉開到兩肋上方變翻掌向下，呼氣同時兩手順兩肋向下按，身體站直，意識隨之向下，至腳底湧泉穴延伸到地底深處。全身放鬆，止語，自然呼吸並隨意散步休息。（圖收勢-1、收勢-2、收勢-3）

收勢-1　　　　　收勢-2　　　　　收勢-3

　　至此，俠友問道太極拳的基本動作就講解完了，這套基本動作包括：

　　壹，預備式（無極樁）；

　　貳，太極起勢；

　　參，懶扎衣勢；

　　肆，六封四閉勢；

　　伍，單鞭勢；

　　陸，金剛搗碓勢；

　　柒，收勢，共七個單獨的動作單元。

　　這套拳暗合人體六經轉化，應六經之象。

收勢養生說明

　　收勢回歸無極，外形端拱，心靜神凝，再回太陽。（太陽之右，厥陰治之。——《素問・六微旨大論》）

三種練法

·醫武合太極

問道拳練習目標

修身練功，體會傳統武術，掌握傳統太極拳要領，初步體會節節貫串，動靜、虛實、剛柔，學會煉養中氣，樞布四梢之方法。

拳勢與經絡

俠友問道太極拳暗合人體的六條經絡，可體會醫武相合，以身證道之妙要。

1. 無極勢（騎馬式）外緊內鬆，八面支撐，外寒為本，內熱為標。衛外而固內，是為太陽經。

2. 太極四正（掤、擠、捋、按）螺旋而起，節節貫串，張弛有度，太極本源。燥濕運化，消穀去積，是為陽明經。

3. 懶扎衣（張弓、懶扎衣、掤擠）外動內靜，虛實得宜，火得風助，氣布四梢。陰陽樞轉，是為少陽經。

4. 六封四閉（舉案、挑肘、封閉）空胸實腹，引氣回

中，勁力緩緩，上引下滲。精微歸元，是為太陰經。

5. 單鞭（獻果、擠靠、單鞭）虛實變換，常山蛇行，首尾相應，機巧暗藏，勁力內換，內外相隨，疾若鞭閃，是為少陰經。

6. 金剛搗碓（十字手、挑扎、搗碓）陰陽樞機，潛龍欲騰，氣落足底，接地上行，蓄勢欲發。風行水面，是為厥陰經。

7. 收勢（收）動極而靜，復歸無極，終而又始，亦為太陽經。以上問道拳的拳法動作就闡釋完了，在具體的練習方法上可以有三種選擇。

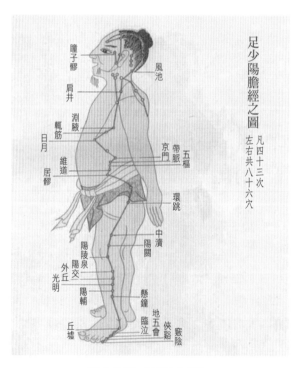

摘自朱璉《新針灸學》

‧第一種基礎練法

以上七勢順序練完，然後再從頭開始練第二遍，第三遍……直到達到需要的鍛鍊效果為止。

‧第二種五行相生練法

按基礎練法順序練到金剛搗碓以後，可以接懶扎衣，然後六封四閉、單鞭、金剛搗碓、收勢，這種練法叫做五行相生法。

何為五行相生？

五行是古人對自身和生存環境中相關事物的一種分類關聯方法。內含事物本質的陰陽消長變化，表現出來就是時空方位的變化，這種變化又與內含的生命陰陽規律相關聯，用五種常見的典型元素來表徵——「木、火、土、金、水」，是為五行。

五行元素離開人的生命規律是沒有意義的。五行相生是陰陽消長對應生命的生長收藏的基本過程，在中原地區，也可以向外化成春夏秋冬四季以及土地對生機的運化和承載。脫離生命過程，單純談木生火，火生土，土生金，金生水，水生木，是一種牽強附會，學者須明辨之。而在人身上，五行可對應於五臟的功能。這個五臟，不是人體具象的解剖學上的五臟，而是對應人對營養物質吸收

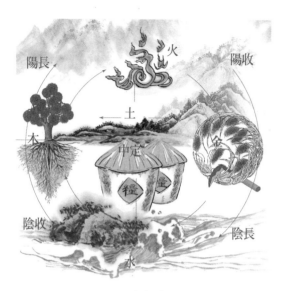

五行相生

和將其轉化成能量用於生命活動的各個功能組成及其間的
關聯和轉化關係。

本拳五行相生具體練法

懶扎衣：

自東向西開展變化，草木繁盛有離卦之象，應南方，
五行屬火，為夏天之生長，五臟中應心。

六封四閉前半式：

馬步承托，厚德載物有坤卦之象，應中央，五行屬
土，為四季之根本，五臟中應脾。

六封四閉後半式：

收束下沉，宣發肅降有兌卦之象，應西方，五行屬
金，為秋天之收斂，五臟中應肺。

單鞭：

見一字長蛇之勢自西回東，藏精而起亟有坎卦之象，應北方，五行屬水，為冬天之收藏，五臟中應腎。

金剛搗碓：

落地而上行，天雷擊地有震卦之象，應東方，五行屬木，為春天之生發，五臟中應肝。

五行相生練法是在基礎七勢練法基礎上，加上從金剛搗碓到懶扎衣的過渡，然後以五行相生的規律讓式子循環起來。

具體方法如下。

上接金剛搗碓定勢，重心保持在左腿，注意胯保持正前方向不變，以腰為軸擰轉上半身到右前方45°方位，同時左掌心托右拳保持在身體中線，隨身體轉動兩肘內合，左掌和右拳向前向上擠出，左掌水平、掌心向上，右拳拳心向上，到高度與口鼻相平位置（圖過勢-1）。

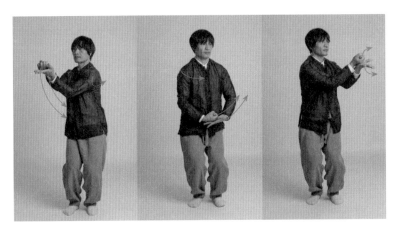

過勢-1　　　　　　過勢-2　　　　　　過勢-3

過勢-4　　　　　　　　　過勢-5

　　身和手原路返回，重心隨之走後弧回到兩腳中間，身體中正，面向正前方（圖過勢-2）。

　　身和手順勢繼續左轉，重心走後弧到右腿，注意胯保持正前方向不變，以腰為軸擰轉上半身到左前方45°方位，同時左掌心托右拳保持在身體中線，隨身體轉動兩肘內合，左掌和右拳向前向上擠出，左掌水準掌心向上，右拳拳心向上，到高度與口鼻相平位置（圖過勢-3）。

　　右拳變掌，兩手背相對右手腕外側與左手腕內側相接，右手在內，左手在外，手背相對，成十字手（圖過勢-4）。左右臂展開，身體右轉到正方向，重心回到兩腳中間。右手在轉體同時展開到右前方，高度與肩平，右肘略墜下，低於手。左手下按，在左前方與胯相平，左臂彎曲，左肘下墜（圖過勢-5）。

以下與懶扎衣勢同。五行相生循環次數可根據自己運動量要求做調整，運動量的標準可參考有氧運動對心率的要求。

·第三種　四向五行相生法

基礎練法到單鞭後向左轉體90°接金剛搗碓，此後用五行相生的練法循環練習，每到單鞭就左轉90°接金剛搗碓，第四次金剛搗碓回初始方向後接收勢。

動作要領

上接單鞭定勢，右手變掌，右臂向右前方掤圓引勁，右掌心斜向外，重心略向右。右臂向下向左走下弧到身體中線，右小臂水平，右掌心向左，右肘正對心口，重心走後弧到左腿，左臂向左前掤圓（圖五行相生過勢-1）。

兩臂掤勁不丟，左肘下沉，右肘外掤，同時兩手順勢向右捋，重心隨之走前弧到右腿，左肘到身體中線，左手虎口外側正對口鼻，立掌掌心向右，左腋下含空，能容一拳。右手在右前方，高度與左手同，掌心向下，與左手相距一尺左右，右肘略低於手，右臂掤圓在右前方（圖五行相生過勢-2）。

左腳以腳跟為軸，向外展開90°，左腿隨之外展，左膝對準左足尖，同時左肘外掤，左手下壓，左小臂水平向外展開，重心走下弧向左腿轉換，身體隨之略向左轉，左肘到左膝正上方，保持左小臂水平並與左大臂成直角。右肘

五行相生過勢-1　　　　　　五行相生過勢-2

五行相生過勢-1　手部纏絲　　五行相生過勢-2　手部纏絲

五行相生過勢-1　腿部纏絲　　五行相生過勢-2　腿部纏絲

隨著下沉，到右胯側，小臂水平，右掌心向左（圖五行相生過勢-3）。

左小臂以左肘為軸向前上方翻起，放長左肩，左手心

五行相生過勢-3　　　　五行相生過勢-4　　　　五行相生過勢-5

向上，食、中二指領勁彈出，重心到左腿，左手指尖、左肩，右胯、右腳跟節節貫串，勁路順暢（圖五行相生過勢-4）。左臂伸展到極限後左手彈回，成瓦壟掌，掌心向下。右肘向外側掤圓引勁，然後墜肘向下，與右膝相對時右腿和右臂同時向前，右腳前腳掌內側著地走內弧上步，內側踝骨凸起處與左踝相蹭，右腳前腳掌內側著地，在正前方一尺略偏右位置，右腳跟懸起，離地一寸。右膝裏扣，重心完全在左腿，左腿坐胯屈膝。右小臂水平橫掃向前，右肘和右手小指一線位於身體中線方位，右肘對心口，小指對鼻尖。右掌心向上，指尖指向前下方。左手中指指尖落於右小臂中點處，左小臂水平，左肘外掤，略低於左手，目光平視前方。呼氣放鬆，氣沉丹田，右腿落胯、提膝、鬆腳踝，左腳內外側受力均勻（圖五行相生過勢-5）。

　　以下右掌變拳，抬腿震腳動作要領與前金剛搗碓相應動作同，不贅述。

　　後兩種練法都在五行相生基礎上回到金剛搗碓然後收勢，在這裏金剛搗碓是春天、是生發、是開始，木為五行之始，卻位於架子最後。

　　《大學》有言：「物有本末，事有終始，知所先後，則近道矣。」一個階段的結束，正是另一個階段的開始，終始是一種動態的發展變化過程，是有生命、有活力的過程。而說一個過程有始有終的始終，是講一個發展到結束的獨立過程，不包含動態循環的生命力。

　　太極拳對人身的作用也是終始循環的進程，以拳問道，生生不息，是為太極問道之由來。

功法篇

太極十三勢

太極十三勢解

• 八卦五行簡述

八 卦

　　八卦最原始的來源是人類對事物的一種分類方法，將與人有關的世間萬物，按特性分成八類，將這八類按陰陽分佈規律，分別放到八個方位上，就得到乾、坎、艮、震、巽、離、坤、兌，八種體現陰陽消長變化的分類方式。

　　落實到具體的圖形表示上，八卦的八個方位正好對應東、南、西、北四正方和東南、東北、西南、西北四隅角，卦象本身通常用三條表示陰陽的虛線或實線在上中下位置上的排列組合來表示。

　　八卦中既包含空間方位的概念，又有陰陽消長的變化，有陰陽變化意味著時間的概念也在其中。所以，八卦是一種包含時空的事物演化規律，也是事物與周圍環境或與其他事物之間的相互作用的描述方法。

　　以事物陰陽消長演化規律的八卦為基礎，太極拳基本勁法也就有了對應於八卦的基本八門勁：掤、捋、擠、按、採、挒、肘、靠。

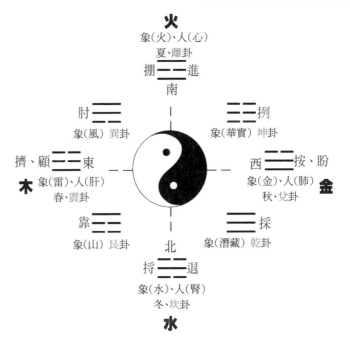

太極十三勢五行八卦合臟腑取象定位圖

五 行

從與人類生命相關的過程中提取基本特徵，用五種典型元素來表達這種特徵。這五種基本元素分別是：木、火、土、金、水。其中同樣包含時空特性。

木：表徵生發，位在東方，為春天。

火：表徵繁茂，位在南方，為夏天。

土：表徵運化，位在中央，在四季。

金：表徵收攝，位在西方，為秋天。

水：表徵收藏，位在北方，為冬天。

五行相生規律是春天木生發之機發展的結果就是夏天

的生長，夏天的生長在土的運化和支持下有秋天金的收穫，秋天的收穫經過冬天之水的收藏，生機內蘊，又有來年春天生發之木。

五行相生的規律可對應人體內生長化收藏的功能。所以，五行應五臟，是為肝、心、脾、肺、腎，對應人體元氣生發、樞布、運化、收斂、收藏的規律。人體內的臟腑功能和太極表達相應，構成了太極拳在身形步法上的五行應象：進、退、顧、盼、定。

至此有了對應八卦五行的太極十三勢：掤、捋、擠、按，採、挒、肘、靠；進、退、顧、盼、定。

其中：掤、捋、擠、按四個勁法立太極拳勁之綱領，稱為四正勁。採、挒、肘、靠四個勁法為太極正勁之典型變化，以補正勁之不足，稱為四隅勁。四正四隅，合起來則成八卦之形，也稱「八門」。進、退、顧、盼、定，則是太極拳身法和步法的總綱，應之以五行，也稱「五步」。以上八門、五步與八卦、五行相應，構成太極拳的基本要素合稱「十三勢」。

掤是太極八門勁法裏的第一個，從廣義講，掤勁是太極八門勁法中的共同基礎，這個意義的掤可以放在八門勁的中央，八卦就成了九宮。如果把四正勁形象成東、西、南、北四個方向，那麼，廣義的掤就是太極的中心。「掤」從原始的字來說讀「bing，一聲」，原意是箭壺的蓋子，可以撐起一個空間保護容易受傷的箭羽，保證箭的穩定性和可靠性。

在太極拳上用這個字，習慣讀成「peng，二聲」。其

含義從原文字意義假借到人身上，意為在對抗中，保持一個勁路變化不受外力干擾的空間。這個空間不能太大而「過」，也不能太小而「不及」，要恰到好處。所以，從這個含義講，掤，是其他勁法的基礎，只有在掤的前提下，別的勁法才能運用自如。

另外，作為四正勁之一，還有一個狹義的掤勁。下面就分別解讀一下這八門五步十三勢。

·十三勢解

■掤

掤勁是一種由中心向外的勁路，是對稱向外伸展的勁。其作用是用身體去感知和探測對方的狀態，給自己後續的變化留出合適的時間和空間。有點類似於現代戰爭中的預警雷達，或者古代的偵察輕騎，在盡可能不暴露自己實力和動向的基礎上盡可能地瞭解對方的實力和動向。是一種從中心向外的輕柔的彈性的靈活滲透式的試探和感知的勁。在練拳時身體用放鬆、對稱的伸展或擰轉來體現和表達。從八卦取象來講是「離」卦，從方位看是南方。

歌　訣

掤勁義何解？如水負舟行。先實丹田氣，次要頂頭懸。
全體彈簧力，開合一定間。任爾身力大，飄浮亦不難。

掤勢應象圖

■掤

捋勁是一種順對方來勢而動的勁路，用疏導的方式避免正面堵截和對抗，就如捋動物之毛，順著皮毛之長勢而下。在勁路用法上為讓開正面，順勢而動。如挖溝渠引

捋勢應象圖

水，順流而下，以免氾濫成災，並可借水勢而為我所用。
取象為「坎」卦，位在北方。

歌　訣

捋勁義何解？引導使之前。順其來勢力，輕靈不丟頂。
力盡自然空，丟擊任自然。重心自維持，莫被他人乘。

■擠

擠勁是感知到對方勁路中薄弱處，收束己方勁路從薄
弱處切開對方的整體，讓對方各部分勁路失去聯繫，而成
散勁。就如斧劈硬柴，順木紋而入，以最小的力分開對方。
又如春芽萌發，在重重壓制下，破土而出，取象為「震」，
位在東方。

擠勢應象圖

歌　訣

擠勁義何解？用時有兩方。直接單純意，迎合一動中。
間接反心力，如球撞壁還。又如錢投鼓，躍躍聲鏗然。

■按

　　按勁是垂直對方來勁，用己方的小力，調整自己，改
變對方，用側面迂迴，約束和控制對方勁路的運行方向，
避免正面的直接對抗，現實應用如：船隻航行時舵手操縱
舵面控制航行的方向，飛機在空中用舵面控制飛行姿態
等。取象為「兌」，位在西方。

按勢應象圖

歌　訣

按勁義何解？運用似水行。柔中寓剛強，急流勢難當。
遇高則澎滿，逢窪向下潛。波浪有起伏，有空無不入。

▓採

採勁是挒勁到按勁的變化，如樹上摘果，勁力從順到橫的突然變化，容易將果子從有彈性的枝頭採摘下來。關鍵在變化的位置和時機，取象純陽為「乾」，位在西北。

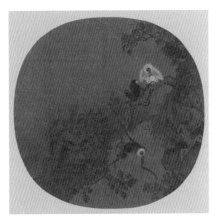

採勢應象圖

歌　訣

採勁義何解？如權之引衡。任爾力巨細，權後知輕重。轉移只四兩，千斤亦可稱。若問理何在，槓桿之作用。

▓挒

挒勁取意為裂，是從中間向外圍分開破裂的勁路，是按勁和掤勁的變化，在用掤勁感知到對方勁路的薄弱處突

然變為雙分的按勁，令對方勁路整體破裂開，是約束收斂的按勁和離心的掤勁的有機組合，取象為「坤」，位在西南。

捌勢應象圖

■肘

肘勁借人肘這個部位的特性而言勁法，是擠和掤的結合，屈肘如槍頭，順對方來勁薄弱處破入，用槍扎之勢代斧劈，以中節之穩固與靈活並用，迅速破開對方來勢，弩箭槍矛，短劍匕首，一扎破防，皆為肘勁之應象。取象為「巽」，位在東南。

肘勢應象圖

歌　訣

肘勁義何解？方法有五行。陰陽分上下，虛實宜辨清。
連環勢莫擋，開花捶更凶。六勁融通後，運用始無窮。

■靠

靠勁用根節之本體，在對方勁力貼身時我在順其來
勢，感知其主力未成，在其薄弱處用我本身穩固之處截其
來勢，令其碰壁而回。其要點在順勢而成，以實擊虛，如
巍巍高山，取穩固險峻之勢。取象為「艮」，位在東北。
　　至此，太極八門勁取象八卦以定方位，加上廣義的
「掤」在其中統攝八方，九宮八卦和太極勁法對應已成。

這種對應，我們可以理解為現代人理解傳統太極拳時的一種語言上的翻譯，透過取象比類和勁路的對應，去感受古人在太極拳相關拳理拳法的體悟上的語言含義。並不是嚴格意義上的邏輯體系，以下同此。

靠勢應象圖

歌 訣

靠勁義何解？其法分肩背。斜分勢用肩，肩中還有背。
一旦得機勢，轟然如搗碓。仔細維重心，失中徒無功。

■進

進法如山火之燎原，要點在一個「疾」字，所謂出其不意，攻其不備。非迅疾不能建功。取象為「火」，位在南方，時令為夏，五臟為心。

進勢應象圖

■退

退法如大潮之落，要點在一個「捷」字，最忌患得患失，遲疑流連。亂拳之下，激流之中，一退破千招。取象為水，位在北方，時令為冬，五臟為腎。

退勢應象圖

■顧

　　顧法為身法、眼法之「合」，著眼細微處，為看護照顧之意，收攝凝聚，蓄勢待發。如養初生之苗，正是：「生而勿殺，予而勿奪，賞而勿罰」。取象為木，位在東方，時令為春，五臟為肝。

顧勢應象圖

■盼

　　盼法為身法、眼法之「開」，觀其大略，統攝全域，如迎遠客，身形舒展，鷹擊長空，有親盼兒歸之勢。取象為金，位在西方，時令為秋，五臟為肺。

盼勢應象圖

■定

定在中正安舒，進退顧盼之中都不離定，如大地之厚重，如高山之沉穩。取象為土，位在中央，時令為四季，五臟為脾，所謂「四季脾王不受邪」，是說消化吸收功能

定勢應象圖

五臟都不能缺，是人正氣的源頭。應敵對陣，無論進退，中氣不可失，中軍之纛不可倒。

太極五步，對應五行，五行又可以對應人體五臟，這種對應好像沒什麼道理，但，這是中國傳統文化裏一種最基本的方法，所謂取象比類。

從某類事物中提取一些本質的特徵，比類於陰陽五行的某一基本元素，然後與其他同樣取象這個元素的事物，建立起非理性邏輯的關聯。這種關聯之間的關鍵就是人的實踐和行為是有共性和限制的。所以，陰陽五行，取象比類，離開人這個核心因素，是沒有意義的。太極身法、步法的練習也對應人的五臟功能的強化。

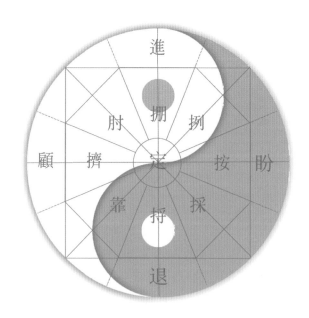

太極十三勢八門五步定點陣圖

太極本是渾然一體，在道為不可名，不可說，不落文字，不著言辭。為尋門徑強為之說，故見八門五步之十三總勢，由十三總勢衍化樁功拳架中各式虛實開合、螺旋纏絲變化萬端。故十三勢拳架樁功，用之以身練拳，招熟漸至懂勁，懂勁後又用之以拳煉身，往復折疊，千錘百煉，直至身心純淨。五行八方，水火相濟，乾坤合德，體內環境與自然相應相合，太極自生自長在其中，直至圓融無礙。知行合一進而天人合一，後天先天，人身人心，由有形有缺有位之法，漸至無相圓滿無為之妙，可證習太極品人生之妙境。

故　曰

十三總勢細參詳，五行八法煉柔剛。

渾然一體太極象，問君何處測陰陽。

掤擠挒按四方正，採挒肘靠奇兵藏。

進退顧盼須中定，捨己從人運化良。

圖說 太極十三勢

•無極樁（預備勢）

動作說明

面南而立，兩腳分開，與肩同寬。頭頂百會上領，如有絲線向正上方提拉，下頜微收，雙手拇指與中指指尖與兩側褲縫線相接觸，其他三指自然伸直，雙目意識從內眼角平視放遠，前胸放鬆，小腹充實；鬆胯，鬆膝，鬆腳踝，勁落足底。

目光從遠處沿地面回收，至兩足之間，意識分開，到足心後沿足後跟順腿後側中央上行，經委中、環跳，合於命門，意識輕輕看住命門並從命門觀照全身。

頭頂領勁不丟，掖前胯根，並屈膝放鬆下坐，保持立身中正。同時兩肘向身體兩側掤開，兩手手型不變，隨身體下坐，拇指與中指指尖沿褲縫向上到胯側，此時腋下含空，可容下自己的拳頭。兩肘尖向兩側張開的同時向下沉墜，將兩肩鬆開。圓襠開胯，兩膝略裏扣，兩腳踝鬆開，膝略向腳尖方向引勁，同時，胯略向後以平衡膝向前的勁，令足底受力均勻，前胯根鬆開。

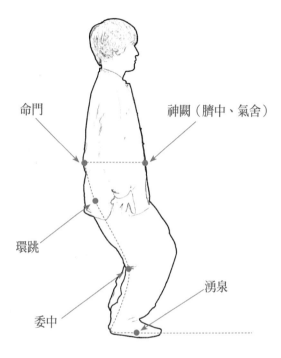

命門

神闕（臍中、氣舍）

環跳

湧泉

委中

意識回收圖

　　此時，頭頂向上領勁與足底所受地面支援力相重合，並與鬆腰落胯感受到的身體重力為一對上下對稱的勁。膝向腳尖方向的勁，和胯向後的勁為一對前後平衡對稱的勁。而兩肘尖外撐、兩肩打開的勁，與兩膝內扣、兩胯外撐的勁是一對左右對稱平衡的勁。

　　在以上三組對稱勁的基礎上，儘量把身體局部多餘的勁鬆開，讓全身均勻受力，並讓各大關節都具有隨時靈活變化的能力，這就是在掤勁不丟基礎上的放鬆。這種放鬆不僅是預備勢的要領，也是整套太極拳練習過程中一致的要求。（圖無極樁-1、無極樁-2）

無極樁-1　　　　　　　　　無極樁-2

・太極起勢

動作說明

上接預備勢。重心略下沉，提腕領勁，向前放長，掌心向下，十指伸直，指尖向下，同時向右轉腰，兩臂隨轉腰一起轉向右前方45°，左手拇指領勁順纏，右手小指領勁逆纏，兩掌心轉向右，高度與腰齊。

重心偏左腿，並保持胯方向正前不變。左胯、左膝與左足尖同在一個豎直平面內。兩臂微屈，腋下含空，能容一拳。（圖太極起勢-1）

重心右移，保持胯向前不變，以腰為軸向左前方45°轉

太極起勢-1　　　　　　　　太極起勢-2

體，左手小指領勁，轉成掌心向下，右手拇指領勁轉成掌心向上。左肘外掤，左手與肩同高，在身體中線，掌心向下，左小臂和指尖指向右前方，小指領勁略上挑，左臂如弓，掤圓放長到極限。右手在左手正下方一尺，掌心向上，指尖指向左前下方，右肘下沉並略外掤，位於右肋前，右腋下含空，能容一拳。

　　重心完全移到右腿，左膝內扣，右胯、右膝、右足在同一豎直平面內。頭頂領勁，鬆腰落胯，開勁。（同「太極七勢問道」起勢之掤的定勢）（圖太極起勢-2）

　　吸氣，合，身體微微下沉，左手逆纏，掌心轉向外，保持左臂撐圓，右肩、右肘向下沉，右手領勁從中線順纏向上到與左手相平，右手掌心向裏，小指尖與鼻尖相照，右肘正對心窩，兩手相距一尺，呈右手豎、左手橫之勢，

太極起勢-3　　　　　　　　太極起勢-4

合勁。（同「太極七勢問道」起勢之擠的定勢）（圖太極起勢-3）

　　兩手同時左順、右逆纏絲，左肘向下向裏合到中線，右肘向外向上掤圓，右掌心向下並略向外，兩手相距一尺，變成左手豎、右手橫之勢，身體右轉，同時右腿以腳跟為軸向右展開90°。左膝保持原來的位置掤住，右胯放鬆下沉，與右膝和右足尖對齊，重心落於兩腳中間略偏左腿。左手在中線立掌，掌心向右，左虎口撐圓，外側正對口鼻，左肘在心窩正前一尺。

　　右臂外掤，右手與左手相平，右掌心向下虎口外側向內離左掌一尺左右，右肘略下墜外掤。開胸泛臀，襠胯開圓，頭頂上領，鬆腰落胯，呼氣放鬆，氣沉丹田，開勁。眼神意在左前方。（圖太極起勢-4）

太極起勢拳理應用講解

太極拳架勢中自有推手、擒拿之用，相關著述頗多，在此不再贅述。而散手技擊之法，因敵變化，法無定法，在此限作者淺見，掛一漏萬，以一己之得為磚，期引賢達明師之玉，如能得先賢本意之萬一，則為意外之喜。另，此處所述打法，是在設定情況下的特殊應用，僅用於研究拳理，以明拳法規矩尺度之用，並不可直接用於比武競技，更不可好勇鬥狠，特此說明。

太極起手勢向右轉腰到右前一動可實戰時應對敵正面進勢，對方或直拳，或直蹬腿，或連身正面撲進，我只下盤穩定，並右轉閃身，身形由正變奇，此時或可順勢進左足，亦可順勢退右足，皆由對方來勢和自身狀態順勢而成，不可勉強拘泥。雙手隨勢外掤斜捋，皆為控制雙方相對位置，同時腰背蓄上擰轉之勢，待對方來勢或過或不及時翻轉放勁，或用身靠，或用肘擊，或起腿打。如無機會，我自中正靈動，隨機變化。

而後變為第二動之身向左前之掤勢，此變為上一動蓄勢之正規變化，借向右擰身之蓄勢，放開後繼續左擰身，於腰背蓄上彈性擰轉之勁，同時，左右臂螺旋擰轉左橫右豎，左上右下掤勁同時擊出，身體左轉同時左腿變虛，是為一閃，應敵來勢，可進可退，左手、左肘可管敵胸肩頸項與頭目口鼻之要害，右手腕前下翻進中路，可管敵中路之來手並擊小腹、肋、襠之要害，左腿虛蓄，可防可攻，

以掤之正勢，出身法之奇形，貴在順勢而為，捨己從人。

再變右臂前上之擠勢，左臂圓撐放長，右肋放虛且左臂於中線放長，抱肩含胸，卸敵正面之勢，拱背擰腰，右臂擰轉合與腰背蓄勢，或可左斜上步，或可右轉捯勢，順勢可用右膝，右足擊其中路，或用右掌擊其頸項或頭部。若無機會則順勢左手護中，右手掤圓，右轉側身放開腰背左轉之勢，蓄左腿拉伸及腰背擰轉之勢。

• 金剛搗碓

動作說明

重心下沉，襠走下弧，把重心完全移到右腿，注意保持左膝外掤勁，並調整右胯、右膝，使之與右足尖處於同一個豎直平面上。頭頂領住勁，借左腿與右腿之間的彈性收抬左腿，提肛收腹，左膝與左肘相遇於身體中線，左腳底與地面平行，收於右膝內側，右腿屈膝獨立，右胯放鬆，兩臂保持掤圓放長且相對位置不變。右胯放鬆，後背成弓形張開，胸腹內含，吸氣提肛，丹田上捲，合。頭頂保持虛領，重心穩定，保持平衡。（圖金剛搗碓-1）

重心下沉，左腳腳後跟內側著地，距離右腳跟一尺，兩腳平行對齊。重心下沉，左腳貼地鏟出，腳尖回勾，腳外側壓平，左膝保持微屈並裏扣，重心仍在右腿。雙手向正前上方放長，與左腿成對稱勁，胸腹舒展，後背弓形放平，呼氣鼓腹，氣沉丹田，開。頭頂領勁不丟，保持立身

金剛搗碓-1　　　　　　　　金剛搗碓-2

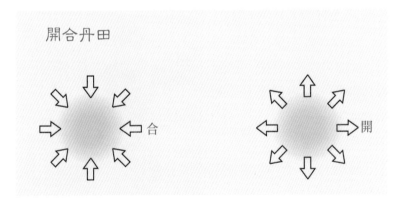

開合丹田

合

開

中正。（圖金剛搗碓-2）

　　放鬆，重心下沉，胯走後弧，重心由右腿換到左腿，左腳落實。同時兩臂變左橫、右豎之勢，相距一尺，隨重心向左平捋，右肘和右手在身體正中線上，左手在左前方，雙臂保持外掤。（圖金剛搗碓-3、金剛搗碓-4）

　　身體微微下沉，提肛收腹，合，轉開，重心走前弧從

金剛搗碓-3

金剛搗碓-4

左腿回到右腿，兩臂向前放
長，兩臂左豎右橫，回到左
腳貼地鏟出後的定勢，左腳
保持放平，落實於地。（圖
金剛搗碓-5）

　左肘外掤，左手下壓，
左小臂保持水平，同時左腳
以腳跟為軸向外展開90°，
左腿隨之外展，左膝對準左
足尖，重心走下弧向左腿轉
換，身體隨之略向左轉，左

金剛搗碓-5

肘到左膝正上方（最好能挨上），肩與胯合，肘與膝合，
保持左小臂水平，並與左大臂成直角。右肘隨著下沉，到
右胯側，小臂水平，右掌心向左。（圖金剛搗碓-6、金剛

金剛搗碓-6

金剛搗碓-7

金剛搗碓-8

金剛搗碓-9

搗碓-7）

　　左小臂以肘為軸向前上方翻起，同時開胸泛臀，放長左肩，至左手心向上，食、中二指領勁彈出，勁力意識衝對方咽喉與雙眼。重心到左腿，左手指尖、左肩、右胯、右腳跟節節貫串，勁路順暢。（圖金剛搗碓-8、金剛搗碓-9）

略合

合到位

開

開

合

金剛搗碓連續開合變化1

要　領

腰活似車軸，氣活似車輪。以腰為周身的運動主宰，使全身筋骨氣血不渙散，方能練出整勁。

習練時先由大圈開始，動作儘量做完整、做到位，再練中圈，由中圈再到小圈，最後到一個點。由內氣摧動外形，腰一動，外形的手、足馬上跟上，才能練到全身關節活開，節節貫串。過程中需循序漸進，不可著急。

正側面對應

蓄、裹　　　　　　　　放、展

金剛搗碓連續開合變化2

要 領

　　合勁時，以手領肘，以肘領肩，以肩領腰；開勁時，以足催腰，以腰推肩、肘，以肘領手。如拳論説：「節節要鬆，皮毛要攻，周身貫串，虛實在中」「如長江之水，滔滔不絕」。

　　合到位時，身體蓄裹的要緊，展開時，要盡力打開，蓄勁時要求全身各骨關節與丹田協調運動，全身勁力不散。展開時，要氣貫指峰，到達手指尖，放長擊遠。勢如彈簧，蓄得越緊，反彈的勁越大。

　　左臂伸展到極限後左手彈回，成瓦壟掌，掌心向下。右肘向外側掤圓引勁。

　　墜右肘向下，與右膝相對時右腿和右臂同時向前，右腳前腳掌內側著地，走內弧上步，內側踝骨凸起處與左踝相蹭，右腳前腳掌內側著地，在正前方一尺略偏右位置，腳跟懸起，離地一寸。右膝裏扣，重心完全在左腿，左腿坐胯、屈膝。右小臂水平橫掃向前，右肘和右手小指一線且位於身體中線方位，右肘正對心口，小指正對鼻尖。右掌心向上，指尖指向前下方。左手中指指尖落於右小臂中點處，左小臂水準，左肘外掤，略低於左手。目光平視前方，呼氣放鬆，氣沉丹田，右腿落胯、提膝、鬆腳踝，左腳內外側受力均勻。（圖金剛搗碓-10）

金剛搗碓-10

　　左胯放鬆略下沉，右手掌變拳，位置保持不變，鬆右肩，沉右肘，同時吸氣，提肛收腹，抬右腿，右腳尖上勾，右肘與右膝相合於身體中線，同時左手順纏收回到小腹前，掌心向上（圖金剛搗碓-11）。

　　右腳收回至身體正下方，腳底與地面平行，放鬆右腿所有肌肉，在重力作用下右腳豎直落地震腳，位置和左腳相平，兩腳後跟相距一拳左右，與右腳落地震腳同時，右手拳背與左掌心合擊於小腹前。

　　兩臂與手成同一平面，兩肘外掤，頭頂上領，鬆腰落胯，立身中正。重心依舊全落於左腿上，呼氣放鬆，氣沉丹田。（圖金剛搗碓-12）

金剛搗碓-11

金剛搗碓-12

提肛收腹　　　　　　　　　　開胸泛臀

金剛搗碓勢拳理應用講解

　　此勢接起勢蓄勁，左腿提膝合在中線，是攻防一體之勢。落地出腿，同時雙手前上放長，是為蓄勢，此勢可進身用整勁截擊對方來勢，或可在進身過程中突出奇兵，下驚上取，放長左手，取敵雙目、鼻梁等薄弱環節，後續進勢、退勢還原、再進出左手三個動作是為模擬這兩種用法。

　　奇兵襲擾同時，蓄全身上步突進之勢，是為得機得勢

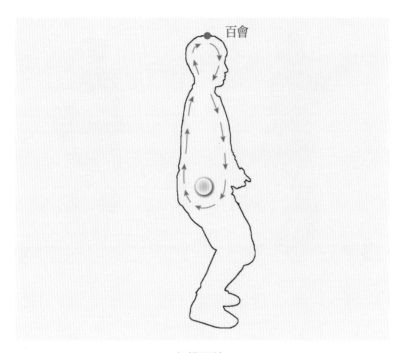

百會

氣機運轉

之進法。上步拳腳肘膝，進而復回，放而後收，提而後
落，是為乾卦之亢龍有悔，也即兵法中窮寇莫追之意。

• 懶扎衣

動作說明

重心保持在左腿，注意胯保持正向南方不變，以腰為
軸擰轉上半身到右前方 45°方向，同時左掌心托右拳保持
在身體中線，隨身體轉動兩肘內合，左掌和右拳向前向上

懶扎衣-1　　　　　　　　　懶扎衣-2

擠出，左掌水平掌心向上，右拳拳心向上，到高度與口鼻相平位置，合勁（圖懶扎衣-1）。

　　身和手原路返回，重心隨之走後弧回到兩腳中間，身體中正，面向正南，開勁。（圖懶扎衣-2）

　　身和手順勢繼續左轉，重心走後弧到右腿，注意胯保持正向不變，以腰為軸擰轉上半身到左前方45°方向，同時左掌心托右拳保持在身體中線，隨身體轉動兩肘內合，左掌和右拳向前向上擠出，左掌水平掌心向上，右拳拳心向上，到高度與口鼻相平位置，合勁（圖懶扎衣-3）。

　　由合轉開，右拳變掌，右手腕外側與左手腕內側相接，右手在內，左手在外，手背相對，成十字手（圖懶扎衣-4）。左/右臂展開，身體右轉到正方向，重心回到兩腳中間。右手在轉體同時展開到右前方，高度與肩平，右

懶扎衣-3　　　　　　　　懶扎衣-4

懶扎衣-5

肘略墜下，低於手。左手下按，在左前方與胯相平，左臂
彎曲，左肘下墜（圖懶扎衣-5）。

懶扎衣-6

懶扎衣-7

　　身體略下沉，重心走下弧移到左腿，右臂先向下向左再向左上走弧形，左手相對向上向右走弧形，右肘和右膝在豎直方向相對時，吸氣，抬右腿，肩與胯合，左手屈回並掤圓，左掌立起，掌心向右，護在右肩前，右臂保持伸展，右手斜指左前上方，右手小指和肘內側連線對準心窩，右膝和右肘相合於身體中線，提肛收腹，合住勁。（圖懶扎衣-6）

　　右腳跟內側著地，離左腳約一尺，重心下沉，身體放開，呼氣，右腳貼地鏟出，腳尖回扣，右腿保持屈膝裏扣，同時右手拇指領勁順纏向左前上方放長，左臂掤圓，重心保持在左腿，左胯、左膝、左足要在一個豎直平面上。（圖懶扎衣-7）

懶扎衣-8

懶扎衣-9

　　重心向右移，同時向左擰腰，右臂身肢放長，保持右手空間位置不變，左肘下塌外碾，左臂掤圓，回頭看右側方。重心完全到右腿，同樣要保證右胯、右膝、右足在一個豎直平面上，略合，蓄勁。（圖懶扎衣-8）

　　右肘下沉同時領勁外掤，右臂、右手和身體同時借前面向左擰轉身體的反彈力向右轉動，直到身體轉正，展開。右胯向左後方弧形運動，停在重心分佈右腿六成勁、左腿四成勁的位置。右手在右前方45°方位，與右肩相平，右肘略低於肩，右臂微屈，右肩充分放長。左手螺旋下落，手心向上，手指豎直向上落在小腹前，左臂掤圓，左腋下含空，呼氣放鬆。左曲右伸，重心偏右，身體中正安舒，眼神隨右手中指放遠，耳聽身後，圓襠開胯，氣沉丹田。（圖懶扎衣-9）

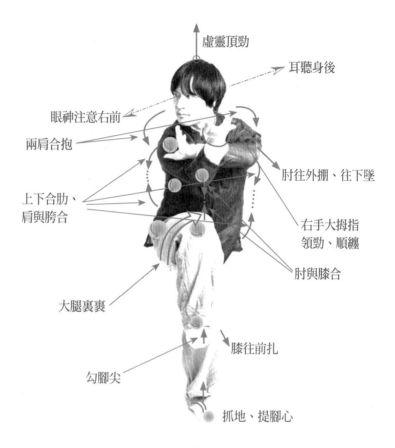

虛靈頂勁

耳聽身後

眼神注意右前

兩肩合抱

上下合肋、
肩與胯合

肘往外掤、往下墜

右手大拇指
領勁、順纏

肘與膝合

大腿裏裏

膝往前扎

勾腳尖

抓地、提腳心

懶扎衣勁力解析 1

要　領

開合相繫，掤勁不丟，四肢要保持半圓形，處處做到開中有合、合中有開，於舒展之中有聚合之意，於緊湊之中有開展之意。下盤之膝、足，需常常裏合。這些要領對於養生有巨大作用，達到養骨生髓的效果。同時具有技擊攻防的含義。

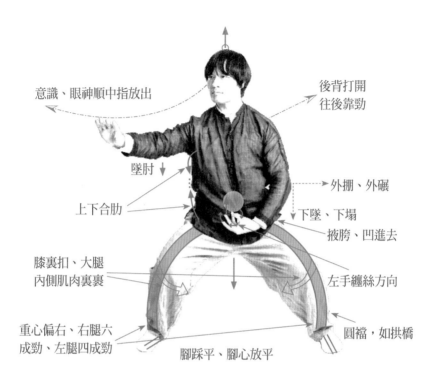

意識、眼神順中指放出

後背打開
往後靠勁

墜肘↓

外掤、外碾

上下合肋

下墜、下塌

掖胯、凹進去

膝裏扣、大腿
內側肌肉裏裹

左手纏絲方向

重心偏右、右腿六
成勁、左腿四成勁

圓襠，如拱橋

腳踩平、腳心放平

懶扎衣勁力解析　2

要　領

圓襠：兩膝裏合，大腿內側肌肉往裏裹，有向後外翻之意，使襠部呈半圓形，如拱橋。注意會陰部分，微微吸起。

掖胯：大腿根處有人體重要的穴位，是氣血流經的通道。大腿根處掖進去，要求能放下兩指，轉腰時，也要讓大腿根處凹進去，使腰勁靈活運化，做到轉腰不轉胯。特別是轉換重心時，不可繃直。

懶扎衣勢拳理應用講解

懶扎衣雙臂拳掌相合，以三角結構之擠勢，破開敵中路，又有十字雙分之螺旋勢接敵之整勁而化之。右手、右足之弓形對開之伸展之勢引對方勁力放長，同時蓄擰身回彈之勢，若敵因前引逗而失順勢，則起近身肘靠之伏兵，橫擊敵勁路之中部而破之。

・六封四閉

動作說明

此式動作線路，同「太極七勢問道」之六封四閉。

六封四閉

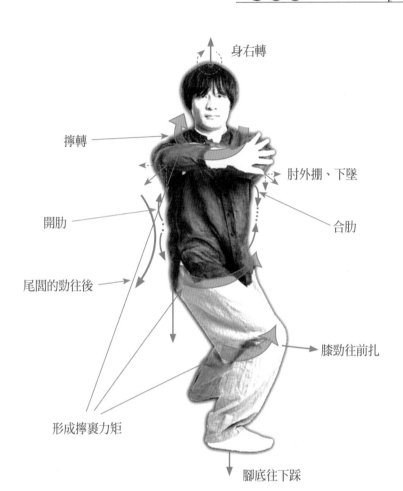

身右轉

擰轉

肘外掤、下墜

開肋

合肋

尾閭的勁往後

膝勁往前扎

形成擰裹力矩

腳底往下踩

六封四閉勁力解析 1

要 領

練拳中注意掤勁不能丟，沒有掤勁，周身的圈就不圓，氣血不能充分流轉灌注。

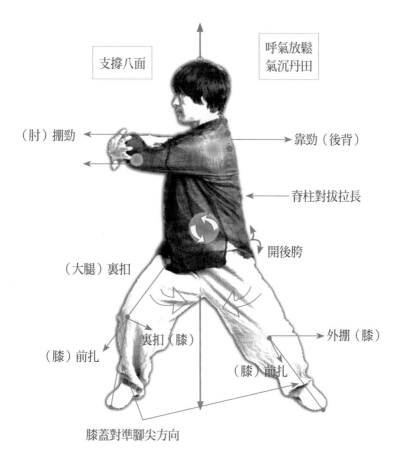

支撐八面

呼氣放鬆
氣沉丹田

（肘）掤勁

靠勁（後背）

脊柱對拔拉長

開後胯

（大腿）裏扣

裏扣（膝）

外掤（膝）

（膝）前扎

（膝）前扎

膝蓋對準腳尖方向

六封四閉勁力解析2

要　領

對稱勁：上有虛靈頂勁，下有氣沉丹田，形成對稱勁。上肢如風吹楊柳，下盤穩如泰山。

脊背也要有上下對拔拉長之意。尾閭下沉並略後泛。

六封四閉勢拳理應用講解

由第一動右側方橫向掤、擠、擰、轉，蓄腰背之勢，可破對方近身貼靠之整勁，並蓄左肩肘回轉之擊打並左腿裏合之膝足撞踢之勢。

第二動欲上先下，先斷其根而後上擊頸項下頜，並蓄中路肘擊。

第三動挑肘而上，掌護耳根，可進敵中門也可走敵側面，蓄雙掌前推或側擊之勢。

定勢一動雙掌前下按封閉中門，左腳虛懸，靈活應變，右胯貼靠，右膝屈蓄，全身掤圓，觀照四方六路。

・單　鞭

動作說明

此勢動作線路同「太極七勢問道」之單鞭。（圖單鞭-1）

單鞭-1

單鞭勢拳理應用講解

單鞭有合身裹束，碾轉而展開，一動裹身，左手中路接護，而右手藏花葉底，由肘下平出，上接下打，合膝蓄勢。

左臂回中這一束身，暗含右腕，左腿之伏兵，此單鞭第一動之意。第二動打開門戶之展，示敵以虛，為誘敵之法，蓄含第三動裹肘側肩、提膝之打法。

第三動裹身提腿之合勢，蓄出腿、閃身、左肩肘之打法，而後再右閃身裹合出左手中路擠勁，蓄近身貼靠、肘擊、展臂之打法和摔法。

單鞭變轉靈動，身形顧盼進退，蓄發轉換，打法長短結合，變化最多。

• 金剛搗碓

動作線路同前。

金剛搗碓

•白鶴亮翅

動作說明

重心保持在左腿，注意胯保持正向南方不變，以腰為軸擰轉上半身到右前方 45°方向，同時左掌心托右拳保持在身體中線，隨身體轉動兩肘內合，左掌和右拳向前向上擠出，左掌水準掌心向上，右拳拳心向上，到高度與口鼻相平位置（圖白鶴亮翅-1）。

身和手原路返回，重心隨之走後弧回到兩腳中間，身體中正，面向正南。（圖白鶴亮翅-2）

白鶴亮翅-1

白鶴亮翅-2

　　身和手順勢繼續左轉，重心走後弧到右腿，注意胯保持正向不變，以腰為軸擰轉上半身到左前方45°方向，同時左掌心托右拳保持在身體中線，隨身體轉動兩肘內合，左掌和右拳向前向上擠出，左掌水平、掌心向上，右拳拳心向上，到高度與口鼻相平位置（圖白鶴亮翅-3）。

　　右拳變掌，右手腕外側與左手腕內側相接，右手在內，左手在外，手背相對，成十字手（圖白鶴亮翅-4）。

　　左、右臂展開，身體右轉到正方向，重心回到兩腳中間。右手在轉體同時展開到右前方，高度與肩平，右肘略墜下，低於手。左手下按並外展，左腳以腳跟為軸向外碾轉，到左前方45°方向。左手在左前方，與胯相平，左臂彎曲，左肘下墜。（圖白鶴亮翅-5）

　　身體略下沉，重心走下弧移到左腿，右臂先向下向左再向左上走弧形，左手相對向上向右走弧形，右肘和右膝在豎直方向相對時抬右腿，左手屈回並掤圓，左掌立起，

白鶴亮翅-3　　　　白鶴亮翅-4　　　　白鶴亮翅-5

白鶴亮翅-6

白鶴亮翅-7

掌心向右，護在右肩前，右臂保持伸展，右手斜指左前上方，右手小指和肘內側連線對準心窩，右膝和右肘相合於身體中線。（圖白鶴亮翅-6）

右腳跟內側著地，離左腳約一尺，重心下沉，右腳貼地鏟出，腳尖回扣，與左腳保持平行，右腿保持屈膝裏扣，同時右手拇指領勁順纏向左前上方放長，左臂掤圓，重心保持在左腿，左胯、左膝、左足要在一個豎直平面上（圖白鶴亮翅-7）。

重心向右移，同時向左擰腰，右臂身肢放長，保持右手空間位置不變，左肘下塌外碾，左臂掤圓，回頭看右側方。重心完全到右腿，同樣要保證右胯、右膝、右足在一個豎直平面上。（白鶴亮翅動作到此基本與懶扎衣相同，區別在左腳外展到左前 45° 方位且出右腳的方向隨著變成

右前方45°，動作方位由正向變為隅角。）

　　右肘下沉同時領勁外掤，右臂/右手和身體同時借前面向左擰轉身體的反彈力向右轉動，直到身體轉正，重心完全保持在右腿，右手在當前身體右前方45°方位，與右肩相平，右肘略低於肩，右臂微屈，右肩充分放長。左手向外向下展開，同時左腳腳後跟提起並領勁，前腳掌著地，弧形收回，與右腳反向垂直，身體重心完全在右腿，右胯、右膝與右腳尖在同一個豎直平面上。左腳後跟對準右腳內側中部，兩腳垂直，呈丁字步，兩腳間距約一拳，左腳前腳掌著地，腳後跟提起。左膝上提，對準左腳尖方向領勁掤圓。左臂微屈，外掤勁不丟，左掌心向下並略向外，左手中指指向左膝外側。沉肩墜肘，提膝落胯，氣沉丹田。（圖白鶴亮翅-8、白鶴亮翅-9）

白鶴亮翅-8　　　　　　　白鶴亮翅-9

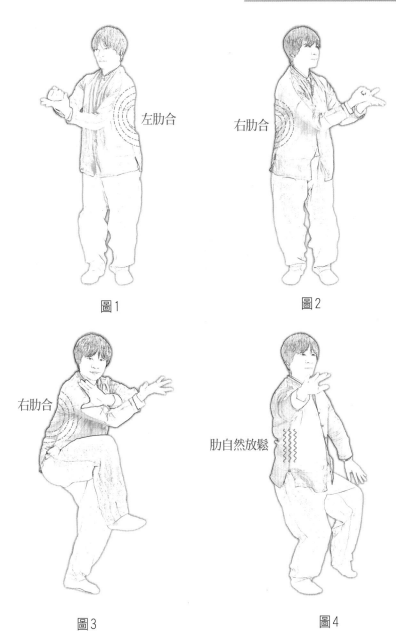

圖1

圖2

圖3

圖4

白鶴亮翅典型動作兩肋虛實開合變化解析

白鶴亮翅勢拳理應用講解

前幾動與懶扎衣同，區別在白鶴亮翅含斜上步進敵側面之意，兩手螺旋捲合時，可在右掌拍擊截對方來勢之中節同時，左前斜上左步，左掌護右腮，並蓄右腿再向右前斜行進步之勢。出腿落步，要靈活簡潔。

擰腰回首旋刀斬敵之勢

最後右前近身貼靠，與展右臂之肩、肘、掌橫擊，勁路要整，腳下虛實要分明。此勢是身步皆出隅角之奇，為正法之靈活變化。

前面左前、右前兩步斜上，可讓開敵來勢之正面，從斜前和側後入手。有兩軍陣前，放馬對敵二馬錯蹬時擰腰回首旋刀斬敵之勢。

・斜形拗步

動作說明

上接白鶴亮翅定勢。右手指尖領勁，右掌立起，掌心向左，右肘下沉，右手領勁到身體中線，虎口外側對口鼻，肘對心窩。（圖斜形拗步－1）

斜形拗步-1　　　　斜形拗步-2　　　　斜形拗步-3

　　右手下按，左手向外向上，同時以右腳腳跟、左腳腳掌為軸右轉90°，同時右掌心向下通過右膝上方隨右膝外展向右後抹到右胯外側，左臂沉肩墜肘向身體中線裏合。身體隨轉腳同時向右轉。（圖斜形拗步-2）

　　身體面向西南方向45°方位。兩腳內側在一條直線上，左腳跟提起，腳掌著地，右掌掌心向下手指向前，按在右胯側，左掌在身體中線，虎口外側正對口鼻，掌心向右，左肘沉墜，正對心窩，重心偏於右腿。左手立掌掤圓，護於身體中線，右手掤圓，按於右胯側。（圖斜形拗步-3）

　　身體微下沉，重心完全到右腿，抬左腿與左肘相合於身體中線，左腳底與地面平行，同時右臂隨左膝上提同時向上抬起，掤在右前方，高度與左手相平，相距一尺。頭頂虛靈頂勁，鬆腰落胯，身體保持平衡穩定。（圖斜形拗步-4）

　　身體微下沉，左腳跟內側著地，左右腳平行對齊，距離約一尺，左腳保持與右腳平行並向對應的隅角鏟出，兩

斜形拗步-4　　　　　　　斜形拗步-5

手同時向身體正前上方放長，與出腿成對拔之勁。重心保
持在右腿，保持右胯、右膝、右足尖同在一豎直平面內，
讓右腿受力合理。左腿微屈膝內扣，腳跟領勁左胯放長，
立身中正。（圖斜形拗步-5）

　　身體重心由右腿走下弧向左腿移動，左手由肘尖領勁，
隨重心左移時候下沉至左膝上方，左小臂水平外展。右手以
肘尖為軸，隨重心左移同時將右手外翻再裹合到右耳側後
方，掌心貼耳後，保持掤勁不丟。（圖斜形拗步-6）

　　重心到左腿後，保持左膝和左肘相合，左手做勾手並
提腕向上，同時右掌跟從右耳側後方向左腕內側斬下（圖
斜形拗步-7）。左腕提至左肩高度時，右掌向右上展開，
同時，重心向右移到右腿七成勁、左腿三成勁位置，右手
同肩高，右肩放長，掌心向下。（圖斜形拗步-8）

斜形拗步-6

斜形拗步-7

斜形拗步-8

斜形拗步-9

　　保持立身中正，呼氣放鬆，沉肩墜肘，同時重心回到兩腿等分位置，馬步，左手勾手，右手呈瓦壟掌，手高齊肩，肘略墜下。（圖斜形拗步-9）

斜形拗步勢拳理應用講解

斜形拗步第一動右手摟膝外展，左手裏合護中，以採按截斷敵來勢，並蓄側方提膝上步之勢。

第二動左前出腿斜行，蓄左前進身，可左驚右取打開中門，為應對前方兩人夾擊之法。左腿斜前進步，左腕上提，右掌隨身側護前下擊出，驚取左前，同時蓄向右進擊之勢，忽向右展擊右前之敵，則中路門開，可從此突破敵之夾擊。

左驚右取之勢要乾淨俐落，不可遲疑失機。驚取之勢或落實或虛晃，隨機應變，不可執著拘泥，趁左右前方之敵應對我勢之機，中路突破要堅決，身法要迅疾。

・初　收

動作說明

上接斜形拗步定勢。立身中正，保持兩腿掤勁不丟，重心走後弧移至右腿，上身以腰為軸左轉45°，由面向隅角轉成正方向。同時，左手由勾手變掌，兩手隨腰往左轉同時往回圈圓，兩手指尖相對，掌心向外，兩手指尖相距約一尺。注意做到腰背撐轉，胯只平移調整重心位置而不旋轉。鬆沉右胯，令右胯、右膝、右足在同一個平面上，腰背成弓形，胸腹虛含，腳趾抓地，兩腳心含空。（圖初收-1）

初收-1 　　　　　　　　　　初收-2

　　重心走後弧回到兩腳均勻分佈，回到正馬步狀態。同時腳趾鬆開，腳心放平，左小臂水平與身體正面垂直，左掌心向上，左肘正對心窩，在體前一尺距離，右臂屈回，右掌跟貼在左肘內側，右掌心貼在左小臂內側，保持腋下含空。胸腹舒開，後背放平。（圖初收-2）

　　立身中正，頭頂領勁不丟，襠走下弧，身體重心完全移至右腿。右腳以腳跟為軸，隨重心右移時略向裏扣，右胯放鬆，重心到位後，借左腿拉伸的彈性提左腿，左大腿水平，左膝到身體中線，小腿豎直，腳底平行於地面，位於右膝前內側。同時左手逆纏成掌心向下，右手也逆纏到左肘下方，掌心向下，位於左肘和左膝之間。右腿單腿受力，右胯放鬆，保持重心穩定，立身中正，呼氣放鬆，氣沉丹田。（圖初收-3、初收-4）

初收-3　　　　　　　　　　　初收-4

初收勢拳理應用講解

初收第一動含胸展背，裏合撑腰，化敵來勢並蓄己勢，然後由合轉開再轉合，同時身法奇正變化，是退中寓進之法。

前勢開展，與敵全面接觸，須保持重心靈活轉換，虛實莫測，忽然收束全身，掩肘提膝，護住中門要害，或可退出以觀敵，或可進身以破敵，皆因當時之勢靈活應對。

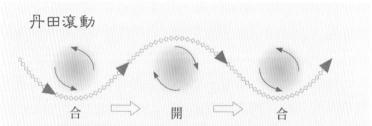

丹田滾動

合　⟹　開　⟹　合

第一動含胸展背，裏合撑腰，然後由合轉開再轉合，同時身法奇正變化，常練丹田翻滾，文武火養丹田，可強壯身體，疏通氣機。

初收勁力解析

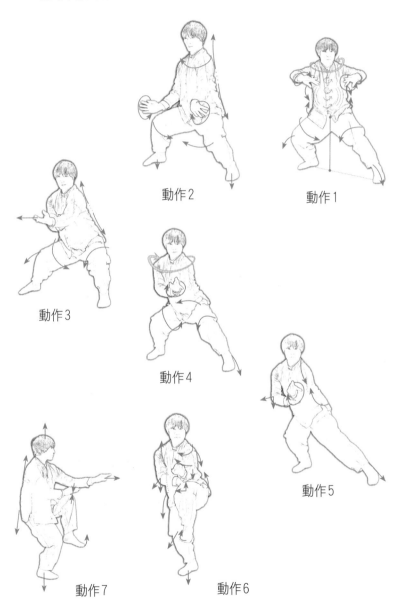

動作2

動作1

動作3

動作4

動作5

動作7

動作6

・前蹚拗步

動作說明

上接初收定勢。雙手向前掤推，左手小指領勁逆纏使掌心向前，右腳五趾抓地，腳心含空，胸腹內含，引蓄勁。勁蓄滿後，左手順纏，右手逆纏前上推出，成左豎右橫之捋勢，兩手距離一尺左右，同時向右轉腰，保持腿和胯方向不變，身體向右轉到約90°方位，腳底放平。借腰背回彈勁身體轉回，兩手回捋（圖前蹚拗步-1）。

到正前方時右手追上左手，兩手背相對，右手上左手下，相交於正前方，與左腳上下相對，在一條豎直線上。左腳外擺，腳跟外側豎直落於正前方約一尺處，腳尖斜指左前45°方向。（圖前蹚拗步-2）

前蹚拗步-1   前蹚拗步-2

左腳全腳掌落實，重心從右腿換到左腿，同時以腰為軸向左擰轉上身到90°方位，兩手成十字手向身體當前的正前方掤出，兩肘下塌外碾，胸前抱圓。調整左胯、左膝、左足基本在同一個豎直平面上。右腳跟提起，右前腳掌外側著地，右膝抵住左膕窩，眼看右前方。（圖前蹚拗步-3）

借身體擰轉並重心變換的彈性抬右腿，令右膝和右肘相合。提肛收腹，吸氣，左足五趾抓地，做到六合。（圖前蹚拗步-4）

前蹚拗步-3　　　　　　前蹚拗步-4

六合要領

肩、胯、肘、膝、手、足之間要做到六合。即使兩臂開展，也要有相合的感覺。外三合為：肩與胯合、肘與膝合、手與足合。內三合為：心與意合，意與氣合，氣與力合。

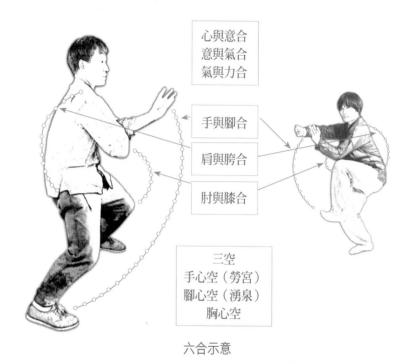

心與意合
意與氣合
氣與力合

手與腳合

肩與胯合

肘與膝合

三空
手心空（勞宮）
腳心空（湧泉）
胸心空

六合示意

右腳跟內側著地，離左腳一尺，並與左腳平行貼地鏟出，十字手向身體正前方放長，左膝微屈與左腳一致略裏扣，重心完全在左腿，左腳心貼地放平。（圖前蹚拗步-5）

兩肘外掤，重心向兩腳中點移動，左手空間位置不變，右手向右展開，當重心到兩腳間中點時右手到右前

前蹚拗步-5

前蹚拗步-6

前蹚拗步-7

方45°方位，與左手和肩部同高，兩肘下沉，呼氣放鬆。此時整體為正馬步，兩臂對稱放長，立身中正，目光平視展開，耳聽身後。（圖前蹚拗步-6、前蹚拗步-7）

前蹚拗步勢拳理應用講解

前蹚拗步第一動一捋一回，為接手進身之法，進身時擺腳落步並手搭十字，腰脊螺旋擰轉，已蓄遠用手足，近用肘膝，貼身用肩胯之打法與摔法。上下同時，相錯相應，為以奇破正之法。

・斜形拗步

動作說明

上接前蹚拗步定勢。重心略移，右手拇指領勁順纏，

同時墜肘裏合，右手到身體中線方位，右肘對心窩。左手小指領勁逆纏外推，向裏合，同時右手下壓，掌心從右膝上方外展，同時以右腳腳跟、左腳腳掌為軸領全身向右轉90°。右掌按在右胯外側，左手立掌，虎口外側正對口鼻，掌心向右，左肘正對心窩。（圖斜形拗步）

斜形拗步

重心完全到右腿，抬左腿，左膝與左肘相合，同時右手掤勁向右前方抬起，鬆右胯保持平衡。

以下動作要領與前一個斜形拗步相同，請參看前文，不贅述。

·再收

與初收相同，請參看前文。

·前蹚拗步

與前一個前蹚拗步相同，請參看前文。

・演手紅捶

動作說明

上接前蹚拗步定勢。兩臂手背向內，飽滿圓撐，合抱成圓，兩手齊心高，指尖距約一尺，沉肩墜肘，後背充分展開成弓形，胸腹內含，提肛收腹，兩膝內扣前扎，可略超過腳尖一寸左右。兩腳五趾抓地，腳心含空，同時深吸氣到丹田。（圖演手紅捶-1）

頭頂領勁不丟，呼氣，同時腳心貼地踩平，鬆腰落胯，胸腹展開，後背內合，兩手翻開成手心向上，略抬頭，眼看斜上方，膝內扣的勁不變。（圖演手紅捶-2）

演手紅捶-1　　　　　　　　演手紅捶-2

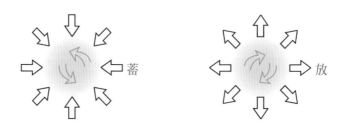

重心移向左腿，兩手向上托舉過頭頂高度，注意重心高度不變。當重心完全到左腿時，右手變拳，轉拳面向下，拳心對身體中線，沿身體中線下砸拳，到小腹前一尺左右位置。左手逆纏翻轉掌心向外，虎口外側輕貼右小臂尺骨外側，護在胸前，同時抬右腿，震腳，在左腳後與左腳呈垂直「丁」字步位置。（圖演手紅捶-3）

演手紅捶-3

演手紅捶-4　　　　　　　演手紅捶-5

　　重心換到右腿，左腳沿順腳趾方向出步，腳跟外側著地，左腳帶左膝一起外展，左腿外開，同時右拳面領勁，向前向上順纏鑽出，到小指正對鼻尖位置，左臂外掤，重心保持在右腿。

　　注意右胯、右膝、右足保持在同一豎直平面上，保證膝關節受力合理。（圖演手紅捶-4）

　　左手外推，並沉肩墜肘，左肘、左小臂和左掌護在中線，右拳經左肘下，襠部前方，右膝內側，然後墜住肘，立起小臂，右拳到右肩窩前，拳眼朝前。在左手外推和右拳走大弧線同時，左腿回扣，重心左移，回正馬步勢。兩腳同時與身體一起離地右轉約30°，兩腳同時著地。（圖演手紅捶-5）

　　重心左移，同時右拳順纏捲到心窩，拳心斜向上，右肘裏合與左手腕合在身體中線，兩肩內扣，前胸裏含，後背掤圓，如弓拉滿之狀。左肘領勁貼左肋向後拉，順勢擰腰，將右拳向左前放出，立身中正，軀體左擰。左手食指伸直，中指無名指小指前兩指節回屈，拇指屈回之間內側扣在食指根節。左掌心貼住左肋章門穴，右臂舒展放長到極限，拳面朝前，令右拳，右肩，左肩和左肘要儘量位於同一個平面上。左膝外掤，腳底均勻著力。呼氣放鬆，右肘略墜下（圖演手紅捶-6、演手紅捶-7）。

演手紅捶-6　　　　　　　　　　　演手紅捶-7

要領：動作螺旋纏絲，各關節處都是圓的運動，非圓即弧，以使沒有凹凸處，沒有斷續處。大圈與小圈結合，注重「旋」，不要走直線。

兩肩內扣、前胸裏含

圖1

後背掤圓
如弓拉滿

圖2

要領：右拳往回捲的同時，丹田也往回捲，全身螺旋蓄勁。注意掤勁不能丟，周身如同一個球，外形飽滿，內氣鼓盪。

抖勁（內勁）　　　螺旋勁（內勁）

圖3

對拔拉長，
後手與前手
形成對稱勁

要領：由足底和丹田發出的內勁摧動，右臂舒展放長到極限，由內而外，由根而梢，達到完整一氣，手、眼、身、法、步同時到，形成爆發力，彈抖力。

演手紅捶勁力解析1

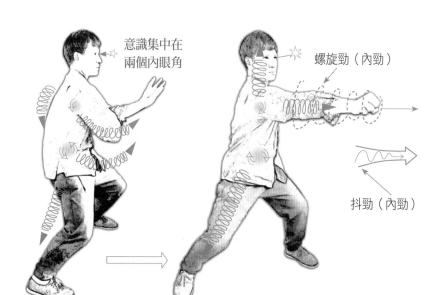

意識集中在
兩個內眼角

螺旋勁（內勁）

抖勁（內勁）

演手紅捶勁力解析 2

要　領

蓄勁如張弓，發勁如放箭。即身似弓弦手如箭。

勁起於足，主宰在腰，通行於脊背，行於手，節節貫串。從根節到梢節貫通一氣，才能出梢節的彈抖勁，一動發於四梢。

演手紅捶動作較多，每一動要承上啟下，透過引蓄勁，走化靈活。

蓄勁為柔，發勁為剛，每一動都帶有螺旋纏絲勁。

演手紅捶雙手纏絲

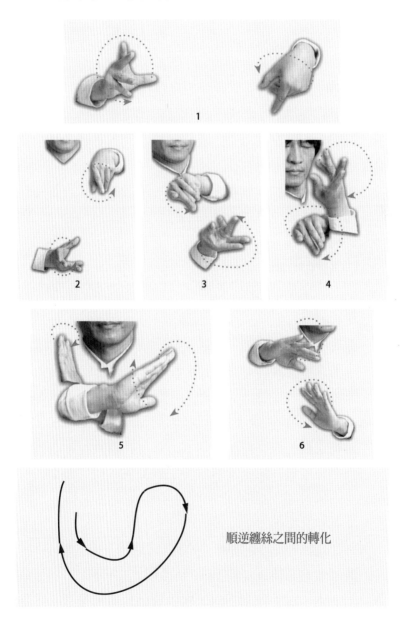

順逆纏絲之間的轉化

演手紅捶勢拳理應用講解

演手紅捶第一動出挒勁，由合突然放開，可破敵壓制沾黏之勢，後提膝裹合併重心下沉中路栽捶，可破敵整勁圈抱之勢，並含右肘迎擊敵面門之埋伏勢。

擺腿前蹬並右手鑽拳，可迎敵前進突擊之勢。左掌護中，右拳、右臂左右上下大纏絲環繞之勢，可破各種擒拿纏捉。

突然裹身合肘，應敵中路近身，最後擰身拳肘對開，為得機得勢擊敵要害之利器。

•金剛搗碓

動作說明

上接演手紅捶定勢。兩手同時折腕，手指伸直，掌心內含，右手掌心向下，指尖向下，左手掌心向上指尖向上。左肘前合，小指、無名指、中指、食指背面依次貼上腹部滾動到心下。兩手腕背面領勁，右手上提，左手下沉，對轉立圈。左手轉至心口上方，保持折腕，手心轉向外，右手在過最高點下降過程中手腕舒開，指尖領勁向前向上到左腕之前，兩腕正交於身體中線。左肘橫，右肘豎。（圖金剛搗碓-1）

右肘領勁向前向外掤開，左腕隨之展開身體右轉回中，同時兩腳離地右轉調步約15°，到預備式右轉90°方向，成馬步十字手，右手外左手內，兩手背相對兩掌豎直。（圖

金剛搗碓-1

金剛搗碓-2

金剛搗碓-2）

　　兩臂外掤勁，左手向左下、右手向右上打開，掌心轉
為向下，重心右移（圖金剛搗碓-3）。到左右肘分別與左
右膝豎直相對的方位，身體重心走後弧向左腿轉換。重心
完全換到左腿時，右肘與右膝相合，右腳前腳掌內側著
地，向左經左腳內側向前略向外走弧線，沉肩墜肘，右小
臂保持水平，右肘與右膝同時走內弧向前，右手轉成掌心
向上，右肘內側和右手小指連線正對心窩，同時左手先外
展然後向上向內，手指經過耳根下方，向前走弧形並自然
轉成掌心向下，中指指端輕觸右前臂中點。右腳前腳掌著
地，右膝內扣，右腳跟略向外展。（圖金剛搗碓-4）

　　左胯放鬆略下沉，右手掌變拳，保持右拳空間位置保持
不變，鬆右肩，沉右肘，同時吸氣，提肛收腹，抬右腿，右
腳尖上勾，右肘與右膝相合於身體中線，同時左手順纏收

金剛搗碓-3

金剛搗碓-4

金剛搗碓-5

金剛搗碓-6

回到小腹前，掌心向上。（圖金剛搗碓-5、金剛搗碓-6）

右腳走上弧收回到身體正下方，腳底與地面平行，放

鬆右腿所有肌肉，在重力作用下右腳豎直自由落地，震腳，位置和左腳相平，兩腳後跟相距一拳左右，與右腳落地震腳同時，右手拳背與左掌心合擊於小腹前。兩臂和手成同一平面，兩肘外掤，頭頂上領，鬆腰落胯，立身中正。重心依舊全落於左腿，呼氣放鬆，氣沉丹田。（圖金剛搗碓-7）

金剛搗碓-7

金剛搗碓拳理應用講解

此為拳架中第三個金剛搗碓，以中線雙臂上引下進之立圈起手，可應敵正面撲擊之勢，右手提腕回引，左手凸腕前擊，一上一下，引進落空，然後右臂順纏，掩肘閃身，蓄右肘橫肘擊打之勢，成十字手守中之勢。

十字手攻防變化如意，是常用之萬能手勢，學者需多體會。十字手後展開併合重心左右虛實變化為閃戰進步之法。然後提膝震腳與前文金剛搗碓同。

·收 勢

動作說明

上接金剛搗碓定勢。保持立身中正，重心換到兩腳中

間，右拳變掌，吸氣，兩手掌
心向上提起並分開，手指尖相
對到與心窩相平，注意鬆肩。
（圖收勢-1）

　　兩掌水平拉開，到兩肋上
方翻掌向下，呼氣，同時兩手
順兩肋向下按，身體隨下按慢
慢站直，意識亦隨之向下，至
腳底湧泉穴延伸到地底深處。
（圖收勢-2）

　　全身放鬆，止語，自然呼
吸並隨意散步。（圖收勢-3）

收勢-1

收勢-2

收勢-3

十三勢練法

　　按前文所述式子順序練下來，一般是不夠有氧運動對鍛鍊持續時間的鍛鍊要求的。所以，在具體練習時，我們會在順序的最後那勢金剛搗碓後接懶扎衣，如此循環四遍，再接收勢。

　　在順序練習第一遍，到金剛搗碓時，正面的方向相對預備式向右轉了90°，位置在預備式的前方略偏右處；金剛搗碓以後接懶扎衣勢，又按順序練到最終的金剛搗碓，正面方向相對預備式轉了180°，這時的位置在預備式的右前方；繼續接懶扎衣，再順序練到金剛搗碓，此時面對的是預備式向右轉270°，也就是左轉90°的方向，位置在初始位置右邊略偏前處；最後再從懶扎衣順序練到最終的金剛搗碓，此時的正面回到預備式的方向，而最終位置在初始位置的正前方約一步遠處。

　　這樣四向循環下來，最終沒有回到初始位置。原因是最初從起勢到第一個金剛搗碓時，向前出了一大步，而後續的四向循環基於第一個金剛搗碓的位置是封閉的，要補償這一步偏差，同時也為了增強虛實纏絲和步法靈活性的練習，在四向循環中的第二次單鞭和第四次單鞭後接上雲手以替代原先的金剛搗碓。

　　在第二次單鞭後的雲手只做一個完整循環，而在第四

次單鞭後的雲手做兩個完整的循環，這樣就可以將起勢的那個上步用多出來這個雲手的步法補償回來，最後的收勢就可以回到初始位置。這樣就可以讓十三勢經歷四個方向的循環後，形成一個完整的封閉回路。所以，我們在具體練習十三勢的時候要加上雲手。

・雲　手

上接單鞭定勢。右勾手展開，順纏到掌心向左，領右臂裏合，右手、右肘到中線，左手逆纏，掌心向外，掤住，重心微向左引。重心向右，右手逆纏，掌心向外，左手順纏下沉，並隨身體同時右移，左手和左肘到腹前中線，左腳腳後跟領勁，收回於右腳內側成丁字步，重心完全在右腿，如六封四閉定勢腿腳狀態。左、右手上下豎直相對，位於身體中線。（圖雲手-1）

身體下沉，保持胯向前不變，身體以腰為軸略向右轉，同時左腳腳跟內側著地向左平開，保持和右腳平行狀態（圖雲手-2）。

左手向前放長並沉肩墜肘，然後逆纏向上，右手順纏保持掤勁不丟轉向下，兩手在運轉過程中隨重心同時向左移動（圖雲手-3）。

重心完全到左腿後，右腿倒插步，右腳前腳掌外側著地，落於左腳外側略偏後位置。兩手左手上、右手下，相距約一尺，在身體中線正前方（圖雲手-4）。

重心換到右腿，身體以腰為軸略向左前方轉動，兩手向前放長，右手逆纏向上，左手順纏向下運轉，同時開左步，

雲手-1

雲手-2

雲手-3

雲手-4

腳跟內側著地回到圖「雲手-2」位置。連續雲手單式練習，可重複圖「雲手-2」「雲手-3」「雲手-4」若干次。

雲手兩肋開合虛實變化解析

在十三勢練法中，雲手將會用於單鞭和白鶴亮翅間的連接，去替換金剛搗碓。具體練法如下。

在雲手走一個倒插步（圖雲手-4），一個橫開步（圖雲手-2）後，或再接一次上述循環，或可在圖「雲手-2」定勢處，以左腳腳跟為軸外展45°，落實。兩臂對轉時左臂螺旋屈回到左手立掌右肩前，右小臂合到中線，斜向上伸開，重心換到左腿，抬右腿，右膝和右肘相合在身體中線前方。後接白鶴亮翅勢與前同。

•十三勢四向完整練法

以下備註方向以每一勢最後定勢為準。

1. 預備勢（面南），
2. 太極起勢，
3. 金剛搗碓。

4. 懶扎衣，
5. 六封四閉，
6. 單鞭，
7. 金剛搗碓，
8. 白鶴亮翅（面東南），
9. 斜形拗步（面西南），
10. 初收（面南），
11. 前蹚拗步（面東南），
12. 斜形拗步，
13. 再收，
14. 前蹚拗步，
15. 演手紅捶（西偏南15°），
16. 金剛搗碓（面西）。

17. 懶扎衣，

18. 六封四閉，

19. 單鞭，

20. 雲手（橫開步、倒插步、橫開步），

21. 白鶴亮翅（面西南），

22. 斜形拗步（面西北），

23. 初收（面西），

24. 前蹚拗步（面西南），

25. 斜形拗步，

26. 再收，

27. 前蹚拗步，

28. 演手紅捶（北偏西15°），

29. 金剛搗碓（面北）。

30. 懶扎衣，

31. 六封四閉，

32. 單鞭，

33. 金剛搗碓，

34. 白鶴亮翅（面西北），

35. 斜形拗步（面東北），

36. 初收（面北），

37. 前蹚拗步（面西北），

38. 斜形拗步，

39. 再收，

40. 前蹚拗步，

41. 演手紅捶（東偏北15°），

42. 金剛搗碓（面東）。

43. 懶扎衣，

44. 六封四閉，

45. 單鞭，

46. 雲手（橫開步、倒插步、橫開步、倒插步、橫開步），

47. 白鶴亮翅（面東北），

48. 斜形拗步（面東南），

49. 初收（面東），

50. 前蹚拗步（面東北），

51. 斜形拗步，

52. 再收，

53. 前蹚拗步，

54. 演手紅捶（南偏東15°），

55. 金剛搗碓（面南）。

56. 收勢。

以上自無極始，至無極收，又合六九五十四之數總共
為五十六式，此為太極十三勢練法。

十三勢練法方位路線簡圖

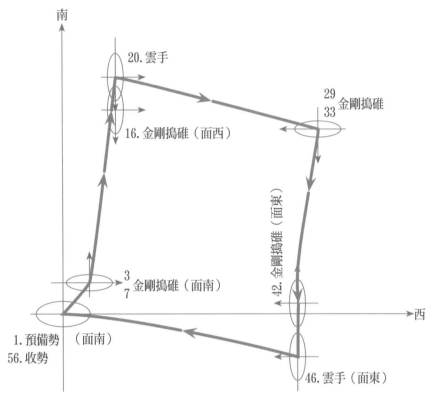

南

20.雲手

29
金剛搗碓
33

16.金剛搗碓（面西）

42.金剛搗碓（面東）

3
金剛搗碓（面南）
7

西

1.預備勢　（面南）
56.收勢

46.雲手（面東）

註：

· 數字是上述練法裏的式子序號

· 大座標表示絕對方向

· 橢圓和小座標表示人的前方和右方

· 灰色箭頭指練習過程中大致的路線和走向

風險篇

練習太極拳的風險

太極拳對養生有好處，基本已經形成社會的共識，不再贅述。但常識告訴我們，有好處的事必然伴隨著風險，那麼太極拳這種看上去緩慢柔和的運動會有傷害身體的風險嗎？下面我們就來分析一下太極拳的風險。

在金庸先生武俠名著《倚天屠龍記》中有一種威力奇大的拳——七傷拳。關於七傷拳有如下描述：

「人體內，均有陰陽二氣，人身金木水火土五行。心屬火、肺屬金、腎屬水、脾屬土、肝屬木，一練七傷，七者皆傷。這七傷拳的拳功每深一層，自身內臟便多受一層損害，所謂七傷，實則是先傷己，再傷敵。」

「五行之氣調陰陽，損心傷肺催肝腸。藏離精失意恍惚，三焦齊逆兮魂魄飛揚！」

七傷拳訣包括：損心訣、傷肺訣、摧肝腸訣、藏離訣、精失訣、意恍惚訣、七傷總訣。

以上雖然是小說家虛構之言，但在現實中很多練武者確實是有意無意都在練各種各樣的「七傷拳」，其中也包括很大一部分太極拳練習者。

此言絕非危言聳聽，練太極拳傷膝蓋早已是一個廣為人知的說法，也有傳說不少太極拳大師膝關節受損以至於做關節置換手術的。從而導致很多太極拳練習者架子越練越高，鍛鍊強度越來越小，甚至有些練習者為了安全，規定練拳時膝關節不能彎曲。

太極拳是一種改變身體狀態的鍛鍊方法，用降低鍛鍊強度來規避風險無異於因噎廢食，要克服障礙，達到改善

身體狀況的目的，一定的練習強度和持續時間是必需的。當然，對不同的人有不同要求，這就需要我們能夠對太極拳的作用原理和作用效果有一個比較明晰的認知，並能用科學的方法去獲得可靠的資料支援，這個方向也是太極拳能在現代社會健康發展的基礎。

除了膝關節損傷之類的外傷，還有因練功時呼吸法不當，或者努氣拙力，導致內臟功能損傷的。最常見的是所謂的因心肺功能障礙導致的截氣，即橫氣填胸，或者因消化功能障礙導致的不停噯氣等。其他因長期鍛鍊而要領偏差導致的慢性勞損引起的各種不適或者疼痛，或者精神渙散，因很難和鍛鍊方法明確建立關聯，會被很多練習者忽視。下面詳細介紹太極拳練習的常見風險。

外傷類

　　練習太極拳的外傷一般是因動作受力不合理導致的關節、肌肉、筋骨損傷。這類損傷在各種運動裏都很常見，但因為太極拳相對緩慢柔和的特點，練習者肌肉拉傷、扭傷和破損外傷的可能性較小，在練習過程中也容易避免。

　　太極拳運動中外傷類風險最突出的當屬膝關節損傷。膝關節位置在下肢的中節，上連髖關節，下接踝關節，需要承受身體的大部分重量，受力強度相對比較大，並距離相鄰的關節都比較遠，容易偏離合理的受力位置，長時間的大強度不合理受力，損傷是必然的結果。

·脂肪墊勞損

　　可能是由於外傷或者是長期摩擦引起脂肪墊充血、肥厚並發生炎症，與髕韌帶發生粘連，從而使膝關節活動受限。這種損傷多發生於經常步行、登山或者蹲起運動較頻繁的30歲以上人群。

　　患者會覺得膝關節疼痛，完全伸直時疼痛加重，但關節活動並不受到限制，勞累後症狀明顯。

•膝關節韌帶損傷

膝關節微屈時的穩定性相對較差，如果此時突然受到外力導致外翻或內翻，則有可能引起內側或外側副韌帶損傷。臨床上內側副韌帶損傷占絕大多數。膝關節內側疼痛、壓痛，小腿被動外展時疼痛加劇，膝內側有腫脹，幾天後會出現瘀斑，膝關節活動會受到限制。

•不良習慣引起膝關節慢性損傷

如經常穿著不合腳的鞋或拖鞋、高跟鞋長距離行走，會使膝關節長時間處於非正常的受力狀態，造成膝關節慢性損傷，引起疼痛。

•半月板損傷

半月板損傷是運動員的一種常見損傷，在下肢負重、足部固定、膝關節微屈時，如果突然過度內旋伸膝或外旋伸膝，例如排球運動中，隊員在防守時突然轉身魚躍救球的動作，就有可能引起半月板撕裂。

半月板損傷會有明顯的膝部撕裂感，隨即關節疼痛，活動受限，走路跛行，關節表現出腫脹和滑落感，並且在關節活動時有彈響。治療需根據損傷程度決定保守治療還是手術治療。

•膝關節創傷性滑膜炎

　　膝關節滑膜是組成膝關節的主要結構之一，滑膜細胞分泌滑液，可以保持關節軟骨面的滑潤，增加關節活動範圍。由於外傷或過度勞損等因素損傷滑膜，關節內會產生大量積液，使關節腔內壓力增高，如不及時消除則很容易引起關節粘連，影響正常活動。患者會感覺膝關節疼痛、腫脹、壓痛，有摩擦發澀的聲響。疼痛最明顯的特點是當膝關節主動極度伸直時，特別是有一定阻力地做伸膝運動時，髕骨下部疼痛會加劇，被動極度屈曲時疼痛也明顯加重。治療多以保守治療為主。

　　綜觀以上幾種損傷，其原因除了長期使用不當導致的膝關節勞損外，還有因為姿勢和動作不正確導致的局部受力過大引起的肌肉、筋骨和神經的損傷。無論是長期的勞損，還是局部過力引起的損傷，都是可以透過太極拳要領的有效貫徹而避免的。可透過太極拳練習增強關節的新陳代謝，從而使膝關節更加穩定和靈活。

　　太極拳是一種個性化的運動。每個人要根據自己的實際情況，在力所能及的範圍內做到在極限上的連續變化。這種太極拳的極限，是在規矩約束下有條件的極限。在初學階段，要用正確合理的太極拳規矩約束自己的身體，並在這些約束下做到極限，所以這些規矩必須要符合太極拳練習者的生理特點。在練習的時候綜合練習者的年齡段、身心狀態，設計出合理的強度和練習次第是非常重要的。

如何防止膝關節損傷

為防止膝關節損傷，在這裏提幾條練習太極拳普遍的原則，這些原則是根據太極拳的特點和人體生理結構在日常教學中總結出來的。

1.當腳步不變，而又需要身體轉變方向時，胯應該只能平移不能轉動，是由擰轉脊柱，也就是腰背的擰轉來轉變身體肩胸正面的朝向。

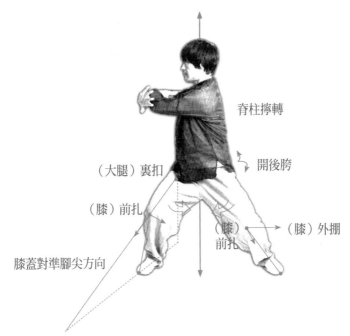

脊柱擰轉

開後胯

（大腿）裏扣

（膝）前扎

（膝）前扎

（膝）外掤

膝蓋對準腳尖方向

轉變身體朝向時的勁力示意

　　2. 單腿屈膝受力時，要儘量使受力一側的髖關節、膝關節和腳尖位於同一個豎直平面上。

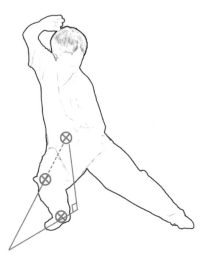

單腿屈膝承重時的勁力示意

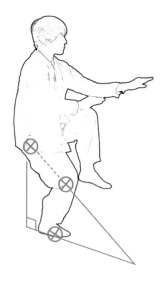

3. 受力腳和地面之間的作
用力要做到腳掌內側和外側與
地面的壓力大小基本相同。

腳掌內側和外側與
地面壓力基本相同

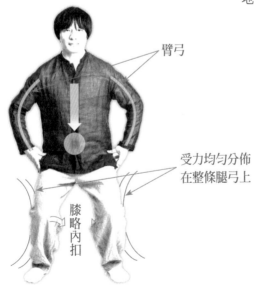

臂弓

受力均勻分佈
在整條腿弓上

膝略內扣

腿弓示意

4. 身背五張
弓，上場打拳，
腿弓拉起來時，
將受力均勻分佈
在整條腿弓上，
而不是把重力都
壓在膝蓋這一個
點上，可有效緩
解膝蓋壓力。

將軍馬戰圖

5. 在以上四條約束都滿足的前提下，增加雙腿所承受的負荷要循序漸進，量力而為，膝關節在豎直方向儘量不超出腳尖，如果下盤功力增大，膝蓋過腳尖最多不能超過一寸。

保持胯的方向與腳軸線方向一致，只用擰轉腰脊來調整和轉換肩胸正面的朝向，這個要領是與太極拳的戰場技術傳承直接相關的。將軍在馬上對戰，動勢進招，變化攻防，胯正面的方向和馬奔跑的方向始終要保持一致，對敵時來招去勢，攻防方向的變化，都依賴於腰的擰轉，也就是脊柱的旋擰。形容大將戰力出眾，多用膂力過人，其中的「膂」字，通「呂」，象形為脊柱上兩個骨節的連接。對於大將而言，腰脊的強壯程度和變化能力是和戰力直接

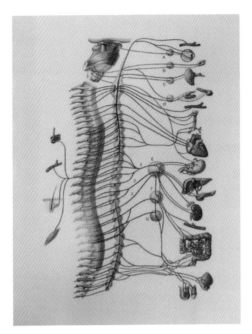

脊柱與內臟的關聯

相關的。

　　現今的太極拳雖早已不是做馳騁沙場之用，但是，脊柱的擰轉和變化是運動中揉動臟腑的直接動力，由腰胯、肩背、胸腹的開合旋轉運動，可以直接推動內臟運動，增強臟腑經絡的循環和代謝。從養生健身的角度看，也是非常合理有效的。

　　另外，腰脊擰轉時保持胯的方向不變，也是下盤結構穩定的基礎，讓下盤的腿腳和膝胯處於一個最合理的受力狀態上，對整體結構的穩定和勁力的有效傳遞都是非常重要的。腿部受力的穩定和合理，是保證運動時不對膝關節產生傷害的必要條件。

　　膝關節疼痛，是太極拳練習者遇到的常見障礙，在練習過程中，一定要注意上述要點。要知道膝關節的運動損傷，並不僅僅是膝關節的問題。我們至少要調整腳踝和腰胯的位置和受力來找到膝關節的合理受力狀態。因此，我們在練習太極拳時，在遵循太極拳要領和規矩的指導下，要做到循序漸進，戒急戒躁，功到自然成，不能違背基本的人體生物力學原理。

　　在尊重科學、尊重傳統的基礎上，太極拳練習時的膝關節損傷風險是完全可以規避的。

　　在這裏說一點個人的經驗，在練習太極拳過程中如果感覺到膝關節疼痛或者其他不適，只要不是劇烈到不可忍受的疼痛，我們都可以在感覺到疼痛時不要立刻改變身體狀態，撤去疼痛腿的受力，而應該盡可能保持身體狀態不變，小範圍的調整膝關節的位置，找到和當前姿態最接近而疼痛感覺又消失了的位置，然後檢查自己的整體狀態是否與太極拳的要求相一致，如果一致，就保持一段時間，讓身體記住這個狀態。重複幾次以後，再做這個動作的時候，就可以改變原先膝關節的不合理受力了。

　　這就像醫生診斷和治療疾病時，需要現場把握住顯現出來的症狀，從顯現症狀時的身體狀態找到病的根源，然後用最合理的調整讓身體恢復正常。

　　這個方法不僅僅適用於膝關節，同樣也適用於糾正其他部位的不適。因此，練習時有不適的症狀顯現出來，是一個自我糾錯的機會，亡羊補牢，不要輕易錯過。當然，有老師隨時指點，防患於未然是最好的。

內傷類

　　練習太極拳的內傷一般是因練習方法不正確導致臟腑經絡的正常功能受到影響。這類損傷最常見以下幾種情況。

　　1. 長期使用拙力導致努氣，使肺與脾胃功能不和。常見症狀為胸口疼痛、呼吸不暢、胃部脹氣、噯氣等。

　　2. 不合理的發力，使血管、心臟受到過度的衝擊，導致心血管疾病。

　　3. 不合理使用意念，導致精神渙散、失眠、多夢。

　　治療這些問題的良藥是放鬆，即動作舒展、精神放鬆。按太極拳的要求，不用局部多餘的力，在運動到極限位置時體會靈活變化，不受僵力阻礙，久而久之，自然能氣血順暢，內外調和。心中平和，不貪功，不妄求，循序漸進，動作順遂，依太極十三勢之理，保持身體合理的受力狀態，量力而行，真正做到太極拳非視覺、不表演，自然不會有以上截氣、鼓脹、散漫之病。

　　為什麼說太極拳非視覺、不表演能治太極拳練習中的偏差呢？

　　《素問·上古天真論》有言：「恬淡虛無，真氣從之；精神內守，病安從來。」

　　這是養生的最根本的原則和方法，「恬淡虛無」和「精神內守」是行為的準則，而「真氣從之」和「病安從

來」是能夠期望的結果。

《黃帝內經》是傳統中醫的經典，講的是如何讓人身心各部分協調健康地運行。現代人參加太極拳訓練的最重要目標也是身心健康，所以，在這點上太極拳和《黃帝內經》是一致的。醫和武都是由人的作用來表達的，一個安全的身心鍛鍊方法，一定是不違背基本的醫學原理和人體生物力學特性的。

我們把散亂的心神都收斂回來專注於身體內對稱均勻的用力，把多餘的僵勁去掉，這個本身就是「精神內守」的過程。而當我們專注於動作是否漂亮，追求視覺效果時，精神是向外放的，同時，為了自己想像中的視覺效果，會讓身體局部違背太極拳自然平和的狀態，就會出現多餘局部用力或者局部鬆懈，從而違背太極拳要求的自然、高效的物質能量轉化和輸運的狀態。有了多餘的追求和欲望，「恬淡虛無」就無從談起，這樣的太極拳也就偏離了原有要求。

要避免練太極拳的損傷風險，除了初學時動作務求符合太極拳基本要求，同時參考現代人體生物力學來排除不合理狀態，還需要注意克服自矜自傲，堅持不炫耀，不表演，「恬淡虛無」「精神內守」。用這樣的非視覺狀態感悟太極拳，可以在保證健康養生的同時，避免受到太極拳練習中可能出現的內外傷因素的困擾。

附　錄

附　錄

學員習拳感悟

萬周迎老師是我的太極拳修行指路人

　　很久沒有靜下心來，寫這麼長的東西了。寫下這些文字，是受到萬老師的啟發——「可以寫寫體會，以後回頭看看會很有意思」。還有班主任老師在一旁的慫恿：「體會寫好了，會有獎勵哦！」其實，我也很想把自己這段時間，學習太極拳樁的經歷和體會，用文字記錄下來。因為我怕時間長了，就會淡忘了……

　　學習太極拳，其實是源於我小時候的一個願望，現在看上去有點滑稽可笑的一個夢想。小時候，每天早上舅舅都要去故宮的筒子河邊，跟著師父練太極拳。練完回來，他就在四合院裏和我們幾個姐妹練推手，結果總是能把我們推得東倒西

歪。那時候自己還小，大概10歲。從那時候起，我心裏就有了一個夢想，長大以後一定要練太極拳，然後再和舅舅練推手，看看到底誰能贏。時過境遷，沒想到這個夢想卻像種子一樣，在我心裏一直埋藏了下來……

太極拳不是隨便就能學的，需要有機緣才行。自己上學的時候沒有機會學，上班以後沒有時間學，有了女兒以後就更是想都不敢想了。於是我只好將這個夢想裝在心裏，打算退休以後再去實現。

去年，女兒上中學了，她選擇了住校。老公的工作單位離家很遠，不能每天都回家。晚上，就剩下我一個人的時候，我徹底的不知所措了，感覺從來都沒有過這樣的寂寞。於是我用各種方法去填充晚上的時間，看書、看電影、練毛筆字……還是覺得很難熬。

直到2013年春天，我在微博上看到了「『醫武相合，以身證道』太極拳椿」的培訓課程介紹，當時心底深處彷彿被什麼東西觸動了，難道我的那個夢想就要實現了嗎？

雖然那時候我還不瞭解萬老師，只是從介紹上面對他有個初步的認識，但我還是忍不住在萬老師的微博上詢問了一下，並很快就等到了老師的回復。我毫不猶豫地報了

名。還記得那天冒著小雨，我打著雨傘去繳費時的情景。因為心裏真的好期待呀！

二

第一天上課，我來得並不晚，一進教室看見萬老師已經端坐在講臺後面了。萬老師給我的第一印象是，穿著打扮是練武之人，但是又很儒雅，就像個教書先生。我當時就有點兒穿越了。

沒有任何的自我介紹，萬老師直奔主題：「道是什麼，怎麼去證？道，就是道路，道路分大道和小道。儒、釋、道三家的經典，就是大道……學而時習之，要用實踐去印證……太極拳是合於中國古代聖人『天人合一』修行的方法……」我感覺，自己一下子就被老師所講的內容吸引了。

萬老師從太極拳的起源和發展開始講起，講到我國古代的兵器演變、技法，還特別透露了陳家拳與自己的故事。然後過渡到《黃帝內經・素問》中「上古天真論」的養生總綱、「六微旨大論」的人體六經辯證原理。最後講了我們要學習的這套太極拳樁，是怎樣暗合人體六經的，應該怎樣去

「醫武相合，以身證道」。特別是萬老師還帶領大家一起誦讀了《黃帝內經》中兩段文字，這種感覺真好，讓我彷彿又回到了學生時代。

雖然老師說，他講課從來不備課，而且講課特點就是「不靠譜」，但是這一個多小時聽下來，卻是一氣呵成，而且過渡自然，邏輯性很強。自己不禁開始佩服這個老師了，不是教太極拳樁嗎？怎麼課還能講得那麼好呢？

後來在網上查了查，萬老師曾經是北京航空航太大學的講師，有十幾年的教學經驗，怪不得講起課來不緊不慢、頭頭是道呢。老師的經歷也很特別，身為陳式太極拳的第十二代傳人，他辭掉工作創辦了「俠友新社」，專門義務教盲人練太極拳。知道了這些，我對萬老師的為人佩服不已，這樣的大俠在今天是很少見的。對於這些事，老師很是低調。

理論課講完了，接下來轉戰小院兒，開始「實戰」。首先是靜樁——混元樁，萬老師把要領講得很是細緻、到位，還用「一羽不能加，蠅蟲不能落」來做比喻。很快，大家就擺好了姿勢，進入了狀態。大概有個十來分鐘，我的腿開始發抖了，膝蓋也有些不太舒服，這說明腿部力量太薄弱，膝蓋的勁兒也沒有完全鬆下來。對於我這個平日根本不鍛鍊的人來說，這樣的反應是很自然的。

第二個樁是動樁，也是陳式太極拳的基本功——磨盤樁。我的「磨盤樁恐懼症」大概就是從那一天開始的。之前，無論從網上怎麼查，也查不到磨盤樁到底應該是什麼樣子。萬老師先給大家示範了一下，我當時就「崩潰」

了，這樣的姿勢和動作，簡直比跳肚皮舞還有過之無不及：雙腿開立，兩倍肩寬，下蹲；雙手指尖相對，向內按住大腿（最終要練到能按住膝蓋）；膝蓋領勁，身體由左向右旋轉；腰、腿、胯要配合好，腰上的命門前後開合、左右旋轉，還要配上自然呼吸。而且這個動作還可以反著轉。對於我這樣腰、腿、胯都很硬的人來說，怎麼能完成這麼高難度的動作呢？我發現，不光是我，周圍的同學也都叫苦不迭，根本就轉不了幾下，腿就酸得不行了。簡直太痛苦了！萬老師還留了作業：「回去以後一定要練，現階段先以磨盤樁為主，練這個樁能讓你們的氣血收回來，散亂的心靜下來。」

正好趕上清明小長假，中間有兩週時間可以練習。那段時間剛剛停止供暖，乍暖還寒，到處都是冷冰冰的。為了取暖，我找個機會就轉幾下，別說還挺管用，感覺一股熱氣直沖頭頂，身上也會微微發汗。當然我都是在沒有人的時候練，我怕自己的動作會嚇著別人。

三

《王宗岳太極拳論》可以說是練太極拳的指導性綱領，所有的練習要點幾乎都包含在內。老師的要求是要把這篇文章背誦下來。

「太極者，無極而生，動靜之機，陰陽之母也。」這是整個《王宗岳太極拳論》中提綱挈領的一句話，說明「太極」既不是陰也不是陽，是介於陰陽之間的。萬老師用古代的兵器「弩」來做比喻，「無極是箭還沒有掛到弦

上的狀態；太極是掛上箭以後的狀態；當箭發射出去，兩儀（動靜）就分開了」。以前一直搞不懂的問題，這回我終於明

白了，原來是「無極生太極，太極生兩儀，兩儀生四象，四象生八卦」。

《王宗岳太極拳論》中的一句話給我留下了深刻的印象，「人剛我柔謂之走，我順人背謂之黏」。本意是指練拳時要把對方的剛勁兒卸掉、放空，雖然自己很柔，但是一定要走到一個順勢的狀態，不讓對方的剛勁兒對自己產生傷害。萬老師又把它的意思引申為「為人處世，要避免人剛我剛，不要去爭一時之長短……」這個說法確實很有道理，令人深思。沒想到練太極拳，還能指導我們日常的工作和生活。

萬老師還特別強調，拳不但要多練，而且要按照規矩去練。就像練習書法的描紅階段，功夫是日積月累練出來的，這叫做「著（招）熟」。「由著熟而漸悟懂勁，由懂勁而階及神明。」練的時間長了，自己慢慢就會明白其中的勁道。由身到心，由靜到動，由外到內的過程就是「懂勁」。但是也要避免一味地模仿老師的動作，就像寫毛筆字一樣，大書法家一定有自己的風格在裏面，正所謂「學我者生，像我者死」。

理論過後即是實戰。

先檢查磨盤樁，大家轉的真是五花八門呀，啥姿勢都有，大概都是按照自己的感覺練的。沒辦法，老師只好重新給大家做示範，現場糾正動作。這節課萬老師還帶來了助教——一個很帥氣的小夥子，據說特別能轉磨盤樁。

在檢查完磨盤樁的基礎上，萬老師開始講解「無極樁」。無極樁，外緊內鬆，八面支撐，外寒為本，內熱為標，衛外而固內，是為太陽。

練習時要遵循「虛靈頂勁、沉肩墜肘、含胸拔背、氣沉丹田」的要領，還要做到四組對稱的力量要均勻，即「頭向上領，胯往下沉；膝向前扎，尾閭後墜；兩腿裏扣外膨，雙腳踩實；眼向前看，耳聽身後」。沒想到看似簡單的一個樁，卻包含了那麼多細節在裏面，所謂「差之毫釐，謬之千里」，練起來很有壓力呀！

四

自從練了太極拳樁，我發現早上都醒得很早。那段時間正是春三月「天地俱生，萬物以榮」的大好時光，每天清晨我都會在窗外小鳥的叫聲中醒來，而且感覺精神很好，索性就早早起床。吃過早飯就去附近的雕塑公園散步，呼吸一下新鮮

空氣，然後直接去單位上班。

在公園裏溜達了多日，看見有很多人在悠閒自得、旁若無人地晨練，尤其以老年人居多，看得我心裏也蠢蠢欲動，真想把學到的椿功在這麼美的春光裏練一練，可是卻苦於找不到一個沒人的僻靜地方。

終於有一天我橫下心來，在一處水邊背水而立，站起了無極椿。當時自己很緊張，總怕別人看我。後來發現來來往往的人們，好像也並不怎麼在意我。天氣還很涼，我穿著風衣，漸漸的身上出汗了，直往下流。想起萬老師說過，站無極椿時出汗了就說明姿勢對了。我堅持了大概有小二十分鐘，最後就連老師教的收功的動作都忘了做，直接就自然「收功」了，感覺身上熱氣騰騰像個小火爐，腿也有點發抖發軟，身上出的汗估計有一大半是因為緊張的緣故吧。

說來也奇怪，那一整天我的身心都特別愉悅，那種感覺很少有過。

五

幾乎整個四月份，我都是在拼命工作和努力練拳的交替狀態下度過的。本來應該由一個團隊來幹的工作，幾乎都是我一個人在完成。整個大會的籌備工作都要由我來統籌安排，統籌也就罷了，要命的是各種細節性的工作也要同時準備。知道逃不過，也就不得不認命了，只有盡自己最大的努力去完成。

每天白天的工作很累，直做到眼睛乾澀，大腦都轉不

動了。每個週三的夜晚去學太極拳，也會練到筋疲力盡。上班時，實在煩得坐不住的時候，我就到樓道裏把學到的動作做幾遍，往往是只要做三遍就會出汗，活動幾分鐘再回去接著寫接著做，又能再堅持做兩個小時。回到家，晚上臨睡覺前，抽時間練練站樁，或者把老師教的動作再做一做，累得不行了就睡覺，一夜舒適安眠。第二天調整好心態繼續做……

漸漸地，每個週三成了我最期待的日子，那個小院兒彷彿有個強大的氣場，深深地吸引著我。感覺和萬老師還有同學們在一起練拳是一種享受，工作上的各種累各種煩都拋到九霄雲外了，自己的內心不知不覺就會安靜下來。

還記得學「懶扎衣」的那個晚上，一輪明月掛在樹梢，那樣的夜色真美呀！萬老師給大家示範的「懶扎衣」更美。心中忽然有一瞬間的感動，太極拳怎會有如此的魅力，這樣深深地打動著我……結果那個晚上光想著「美」了，自己走神了，直到快下課了，還不知道左手是怎樣轉到右肩上去的。

大會在五月上旬順利地開完了，我的工作也得到了領導和同事們的認可。現在想一想，可以毫不誇張地說，是太極拳陪我度過了那段難熬的日子。

六

　　我感覺自己練拳並不是很刻苦，想起來就練幾遍，並沒有固定的練習時間。但是每次上完課的那個晚上，回到家我都一定會再練一會兒。萬老師的要求是，當天晚上一定要練會了才能睡覺，對於這個方法我感覺很管用，趁熱打鐵，印象會特別的深刻。

　　下週再去上課時，老師會檢查上一次教的動作，並且一個一個給予糾正，有的動作還要再次示範和講解。有時感覺自己的動作已經做得挺好了，可是在老師面前還是不過關。有些動作儘管已經很努力了，但還是做不到位，總覺得自己哪裏都那麼僵硬，這時老師就會鼓勵我慢慢來，功夫到了自然會做好。

　　萬老師教得特別耐心，我也學得的確辛苦。每次下課，都感覺腰酸腿疼，而且每次疼的地方還都不一樣。有一個體會很有意思，不管頭一天晚上練得多麼辛苦、多麼累，第二天早上就幾乎什麼感覺都沒有了，還能也還想繼續練。

　　天氣漸漸熱起來了，稍一活動就會出汗。對於平日裏就不愛運動的我來

說，也不喜歡出汗的感覺，我總是認為出汗多了並不好。可是如果練拳或站樁就一定會出汗，真是矛盾呀。就這個問題我還特意向萬老師請教，老師的回答是「出汗是人體的正常功能，該出汗時一定要出汗；如果該出汗時不出汗，那才是真的出問題了」。好吧，既然如此，那就努力練拳，盡情出汗吧！其實每次練完拳出汗的感覺還是很舒服的，皮膚都顯得細膩了，這也算是意外收穫吧。

七

經過多日的準備，終於迎來了最令我緊張的日子——結業考試。

像以往一樣，助教老師先帶領大家把動作再複習幾遍。我發現自己準備了多日的動作，好像做起來很彆扭，怎麼還沒考試呢就有點不知所措了。

班主任拿來一把籐椅給萬老師坐，手上還拿著學員名單，突然我就有了一種要上戰場的感覺，三個月的辛苦付出都要在這一刻得到最終的驗證，真的好緊張呀！

面對同學們，還有面前的萬老師，我只有橫下一條心，反正都要過這一關，索性就安下心來，發揮出自己真實的水準。此時此刻，我相信自己平日的辛苦和汗水不會白白付出的。

在考試的過程中，萬老師在旁邊不時提醒，對於做得不到位的動作再一次進行糾正。完整地做了一遍，自我感覺還可以。但是老師對我說：「你知道自己少做了一個動作嗎？」當時我的第一反應就是「懶扎衣」。果不其然，

右手在放長的過程中，右腿的重心沒有移動到位，導致了那個動作根本沒有做出來。還有兩處的掩肘動作，也沒有做到家。這些都需要在今後的練習當中引起重視。

考試結束了，萬老師親自為每一位學員頒發結業證書。當我接過證書的時候，感覺它是沉甸甸的。當相機的快門按下的那一刻，真的很難忘，心中也充滿了對老師的感激之情。萬老師曾經說過：「修行在自身堅持，我只是個指路的。」由衷地感謝老師為我們傳授的這套太極拳法，今後的修行就要靠自己了。

終亦是始，在修煉太極拳的道路上，我才剛剛起步……

後 記

俗話說「太極十年不出門」。我要看看自己的太極拳到底能練成什麼樣兒。十年的時間實在是太長，於是我給自己定了一個五年的目標。

畢業那天，得知萬老師的俠友太極書院要舉辦「'俠友心·太極夢'全國特殊教育學校和貧困地區中小學教師培訓」，需要一些志願者幫忙。這個工作挺不錯，正好能一邊服務一邊學拳。就這樣，這個

培訓連續舉辦了四年，我也做了四年的志願者……炎炎夏日，看著萬老師被汗水浸透的背影，看著學員們一絲不苟、一招一式地刻苦習練，此情此景都會深深地感動著我，激勵著我。唯有珍惜當下，努力練拳，才不辜負老師如此辛苦的付出。

　　書院也常組織遊學，既可以在山水之間放鬆身心，又可以參訪名勝古跡，提升人文素養。五年的時間過去，雖然我在拳法上和老師的要求總是有一定的差距，但是沒有關係，差距就是動力。無限風光在險峰，我會不斷向前邁進，不斷超越自己，向著更高的目標攀登。

　　時間如白駒過隙，幾年來我從未間斷過太極拳的習練，雖然苦，雖然累，但卻收穫滿滿，隻言片語是無法形容的。去年春天，我和同學們一起學完了八十三式太極拳，再一次畢業了。苦盡甘來，看著大家一張張充滿幸福的笑臉，彷彿早已把練拳時的辛苦拋在腦後了。

藍玫

武術零基礎，漸入太極門

作為一個武術白癡兼時尚現代女性，我一直都對中國古典文化敬而遠之。不因為別的，只因覺得太高深莫測，玄妙虛幻了，好難搞懂，但隨著年齡的增長，機緣的成熟，慢慢開始能懂點了。近兩年對中國古典文化突然就感了興趣，尤愛莊子，然後開始研習中醫，原本打算留到老年再學的太極拳，也剛好作為肢體修行的部分與前者一脈相承，入了我的法眼！甚至覺得，中國人，不學太極拳，簡直枉做一回中國人也！

入門難，一切理論都如聽天書，好在肢體協調能力尚可；好在知道某些道理是通天通地的；好在別的不說，認真總是不需要任何基礎的吧……學太極拳的好處就是可以從一招一式開始，不必有太多鋪陳。於是，我就像回到小學，開始了一堂堂我最喜歡的體育課。

整個學習過程中有一個讓我頓足的失誤，每堂課前沒有預習老師發的那兩頁紙上對每個招式的注解。雖然老師課程中也講到，但學習過程中我只顧著將勢子做到位，因為這已然不是一個輕巧的事。但最後

發現，內在的意識是不應與姿勢分離的，這也讓我明白了為什麼我總覺得自己做得缺點兒什麼——不那麼流暢貫穿一體，當然我覺得這也有缺一堂讓我們將所有式子貫穿練習的一堂課的原因。

希望老師下次可以在連貫練習中將武術的精、氣、神、陰陽、虛實也授予我們一些，以便讓我們看了老師的示範和自己對比時能不那麼絕望的自卑。

雖然有這點遺憾，但整個課程的學習讓我收穫很大！能感覺到，老師教給我們的拳法、樁法都是精心挑選的、實打實有用的功夫！而那些一再強調的「頭領住」「沉肩墜肘」「立身中正」「鬆胯」「腳抓地面」等要領，不僅是練習太極拳時的要領，也對我們日常的身體姿態有很好的矯正作用。

姿態的改變直接影響到身體的健康，例如對頸椎、脊柱、腰椎、內臟都有很好的調節作用，同時還可以改掉錯誤姿態下的心理毛病，所謂氣質就會這樣潛移默化地改

變，這真是玄妙啊。當然，前提是要每天的練習已形成習慣。除了這些作用，每一個式子、椿法都對我們的身體起到明顯的鍛鍊作用，而這種鍛鍊柔中帶剛，這也是我最喜歡太極拳的地方，鍛鍊的是個韌勁兒！和瑜伽又不一樣，更加富於變化也更有趣味。但混元椿和無極椿對心浮氣躁的我來說有點兒難度，希望借助動靜結合的椿法幫我找到那種感覺！至於那個讓我們又愛又恨的磨盤椿，我雖知道它是個寶貝，但還是循序漸進吧。

上面所說也只是皮毛，我想太極拳練習最終可以使我們打通全身脈絡，自由穿梭於虛實有無之間，與天地之氣相接，達到「天人合一」的終極境界！可惜這就不是短時間可以練成的，師父領進門，修行還要靠個人。雖然這次課程老師教的東西是有限的，但對我來說足夠我練習琢磨個一年半載了！待弟子略有心得再與師父請教！

大恩不言謝！

祝萬老師和每一位同學一切順心順意，平安喜樂每一天！

新核桃

香海禪寺學員日記

太極禪修

說起太極拳，我們腦海裏或許都有這樣一幅畫面：幾位老人隨意地站成一兩排，緩慢的步子，悠哉的手勢，在

花壇邊畫著幾個圈……而我們，則是一旁匆匆走過的孩童、少年、青年、中年……幾年前認識了一老外，學了多年太極拳，如今久未聯繫了，不知其身在何處，只是那套拳我至今還有些記憶，就我這樣的門外漢看來，舞得說不上好，蹈得說不上壞，只是一反之前的印象，太極拳並不是老年晨操，也是能格鬥的。對於自己老祖宗的東西，需要藉助於洋人來獲得認知，暫不說這認知是否靠譜，本身倒也耐人尋味。

再次接觸太極拳就是多年後的這次活動了，抱著好玩的心態來湊一份熱鬧，自知並非骨骼清奇，再者缺少天賦異稟，要在兩日之內學好功夫大概只能靠誤服丹藥或失足墜崖了，奈何並無這等地利。幾日之後我果未變身高手，而是坐在這裏，欣欣然地記錄一位真正的高人，這感覺用武林人士的話來講，就好比打通任督二脈。

下面請允許我隆重推出這位大師——萬周迎！萬師傅其人，可謂人如其名，說起那模樣，劍眉朗目，端方周正，目測年齡才及而立，實際歲數不告訴你。曾執大學教鞭逾十年，非授國學，而是格物致知的物理，那思維怎能不周密。數年前，為了幫助盲人放棄教職，投身公益，待人處事那叫一個周厚。出山前，還曾隻身周遊中國名山大

川，為的是探訪各大門派，尋師會友，切磋武藝。

萬師傅的太極拳課程以聊「心法」為始，而此心法又異於彼心法，非是口訣。「太極者，無極而生，動靜之機，陰陽之母也」，其脫口而出的便是這些心法。所謂動靜之機，請允許我試就字面意思做番拙劣的詮釋。

「靜若處子，動如脫兔」，我們知道是形容人的宜靜宜動，而這動和靜之間的變化機樞便是太極所要去拿捏的，好了便是兵來將擋，水來土掩，而換我使，則是第三套全國小學生廣播體操。

話說，萬師傅這套拳打得那叫一個行雲流水、剛柔並濟，活生生將一套功夫變成了藝術，也曾見過友人演繹太極拳，對比之下全然不是這股味道，其實好的東西一眼能辨，若瞧著不好不壞，即是不夠好。前一秒萬師傅還是那個說著「學而時習之」「文而化之」「知行合一」的儒生，下一秒就成了衣袂翻飛、掠地有聲的俠士，未曾見過浪仙「今日把示君」，也無幸領略稼軒的「少年握槊，氣憑陵」，但想著那氣度風骨也應大略如此吧。

一靜一動適意自如，這已然不僅是功夫技法了，更是內心的修為，這也是為何上課伊始，萬師傅給我們講解的

不是招式，而是中醫、儒釋道。在其看來太極拳的招式是可以與中醫的三陽（太陽、少陽、陽明）、三陰（太陰、少陰、厥陰）一一對應的，我聽著似懂非懂，說似懂是因為冥冥中知道這是對的，而非懂則在於這又非我當下所能切身體會的，抑或永遠也不能，不過即便如此也不妨礙我的覺知，心畢竟是要比腦袋靈敏的。

如此博大精深的武藝，如何能在兩日之內悉數相授，我估摸著得先等師傅學會了北冥神功。好在他所希望我們的不過是今後能分辨何種功夫當可習之，何謂正道，說來簡單，做也不易。

既然這已然變成了一篇阿諛奉承之作，那就索性讓俺再抖幾個包袱吧。萬師傅不僅是太極拳大師，通臂拳、形意拳也樣樣精通。當聽聞咱通臂拳師祖當年雲遊四海，高手過招的軼事之時，那感覺雖未及武俠片武俠，卻要比穿越劇穿越。萬師傅也修禪，有位已近百歲的師父，是虛雲和尚的一位重要弟子，修的是生活禪。也就難怪當我們見

到這位武林高手之時，感覺不到一絲的霸氣側漏，而是種平和，讓人如沐春風，這或許也是太極拳所說的掤勁。如今萬師傅有個心願，就是要創建一個平臺，為包

括盲人在內的弱勢群體做些事，心中著實佩服。

還有許多話想說，思量著師傅見到這篇文章一定氣得發笑：心想這廣告做得趕超天橋頂上狗皮膏藥，莫非是特地上門來拆牆腳。所以還是就此打住。其實本無須我多言，只需一個照面，知者即知之，不知者也就不知罷了。

再回到這功夫，萬師傅教的是陳王廷所創的陳式太極拳，咱所學僅為七勢，雖是簡化了的，卻是從前陳家人不外傳的，當年陳家的馬夫、家奴一定對咱充滿了羨慕嫉妒恨，雖然我知道了亦如不知。萬師傅說起雲遊那會兒曾拜訪一位身懷祖傳功夫的耄耋老人，老人見了他後，喜不勝收，分別時一再邀請他再來，家裏的兩個兒子早已放棄練拳，轉投木匠、泥水匠，未及再見，老人卻是歿了。當我問起輕功，萬師傅說他師父當年於寅時練功那會兒，有些個人會坐在樹上看他練功，他們便是子時出門練輕功的，不過他自己卻從未見到過。後來知道萬師傅是陳式太極拳的第十二代傳人，原來陳式太極拳的傳人也可以不姓陳……想到這些，我還是去蹲兩分鐘馬步吧……

清歡

身體與美

我真的很想把拳打成像萬老師那樣行雲流水、美不勝收的樣子，當然我是初學者，樣子看起來比較笨拙。但是，我還是非常鍥而不捨地把身體擰成老師要求的角度和位置，的確會覺得筋都舒展了。回來之後，我就在出差和

旅行的時候，用太極拳緩解脊椎疼痛之苦了。旅行的時候，一天要坐八個小時大巴，中間有下車休息，我就找地方鍛鍊一下，發現這是個非常好的伸展方式。晚上再練兩遍，脊椎痛、脖子痛都消失了。從實用性上來說，也是非常好的投資課程呢。

Elaine

一念相應，一念佛

寫下這幾個字時，心裏滿是怯懦。言語文字皆為桎梏，無法表達感受之萬一，也怕把萬老師寫淺了，或者給人以先入為主的印象。不過想想後來人並不會執著於他人所想所說所感，即使錯了也無妨吧。

其實當初我參加禪修的動機並不純，我就想找個機會

出去散散心，沒去寺院住過，就想體驗一下。太極拳能學點最好，學不了也無所謂，反正肢體僵硬症也不是一天兩天了。起初就抱著這種渾水摸魚的心態，踏上了禪修之旅。

萬老師是個非常平和的人，看不出年齡。眉宇之間有點像陳坤。我不是一個會誇人的人，有時越是欣賞越是不知道說什麼好。也可能是因為不太想與人分享這種欣賞的感覺，這是一種對內的情感，向內越久，越醇厚。

我只想說，在萬老師身邊，我能感覺到一種平和的緩緩流動的氣場，不張揚不緊繃，很舒服。我見過不少氣場很強大的

人，感覺他們是有一個渾圓的結界或者小宇宙包圍著，很閃光，讓我感覺自己很小。

萬老師不是，他的場是開放的、流動的、穩定的。他和你在一起，你感覺到他的存在，也感覺到自己的存在，

就在那一刻，在一起。

不知道說這個合不合適。萬老師打拳的時候，我能看得到兩股交互氣流，隨著萬老師的拳風或盈或虧，交相呼應，感覺是一體的兩股力量。不過在開始學一招一式的時候，我就看不到這些了，也許是有了「我執」吧。

我爸爸是學過中醫的。童年最開心的事情，是一個一個打開藥櫃的小抽屜看看裏面裝的是什麼稀奇古怪的東西，有時還偷偷往嘴裏塞一點。小時候體弱多病，天天跟在老中醫後面玩。大了以後也會聽人吹噓說我中醫學得有多厲害，我常常笑而不語，隨便聽聽就過了。

萬老師一開口我是真嚇了一跳，我已經好久沒聽到人這麼簡單樸實又能從實質上聊這個了。我忽然很後悔，小時候貪玩，覺得中醫好無聊，現在已經沒機會跟老中醫再聊聊天，聽他們叨叨了。

不得不說，萬老師國學極好。我本是沒有資格說這個話的，因我國學底子不好，但由於迷漢服的關係，見過一些教國學的老師，無法比較，但感覺得出來。我最喜歡的，是課間休息時隨意三三兩兩的同學坐在地毯上，聽萬老師說話。話題有時候是禪道，有時候只是單純聊天。已經過去了兩個月，我還是能夠清晰地記得盤腿坐在墊子上舒服的感覺。

我不是佛教徒，只是有幸在萬老師身邊，和大家一起停留過兩三天。一止今心，不問成佛。

星空兔

非視覺太極攝影展

圖文：劉敏　等

萬老師每天的生活，從兩個小時的練拳開始。

萬老師帶著孩子們練習磨盤樁基本功。

　　為了讓盲童學習太極拳，萬老師開發了一套自己的教學方法。他利用自己深厚的物理學基礎，將一個動作的運動軌跡分解為幾個關鍵節點。當孩子們掌握了這些動作定勢並連貫下來時，整個動作就完全掌握了。

「非視覺太極」中還有一個
教學方法，是「觸」。對於沒有
視覺的孩子們，讓她們透過感知
老師身體的姿勢來學習太極拳。

除了太極拳的動
作，俠友書院的課程還
會教孩子們學習國學經
典和相關歷史，所謂
「文武雙全」。

萬老師受邀給孩子
們打太極，每次都被大
批粉絲圍得水泄不通。

　　「非視覺太極」的教學方法起源於萬老師教特殊學校孩子太極的一些心得體會。他發現盲生在學太極的時候,更加專注,往往比普通學生都要學得好。圖為萬老師在泰安特殊教育中心的教學樓裏和教師交流。

　　凡事親力親為,圖為萬老師在走訪各地項目學校的途中。

　　走訪有時也會遇到困難,萬老師有一次去學生家進行家訪,大雨封路,只能滯留在山裏。

現實生活中的萬老師，平時都是安安靜靜，毫無架子。圖為萬老師蹲下與湊近的小女孩一起合影。

泰安特殊教育中心的房雪清老師性格開朗，號召力強，自己經過兩年的太極拳鍛鍊，覺得自己的身體素質、耐心和毅力都有提高，現在學校的老師和學生都跟她學習太極拳。

房老師在這裏工作了 24 年，能理解在這裏學習的孩子們的痛苦和快樂，他們大多來自偏僻的農村，所以房老師平時對孩子們愛護有加。

成都市特殊教育學校的嚴義龍老師教起拳來一絲不苟。

嚴義龍運用「非視覺太極」的教學方法，充分調動孩子們的其他感觀來學習。

嚴老師有一副古道柔腸，和盲眼的孩子們出行，都會耐心地充當「指路拐杖」。

唐恩成老師所在的天馬學校是汶川地震後新建的學校，位於四川都江堰市天馬鎮岷江河畔。現在唐老師已經有太極拳學生800名，學校專門成立了太極拳隊，成為學校的特色表演項目。

小建是山東武城魯人希望小學六年級的學生，練起太極來十分認真。雖然很累，但是他很喜歡，因為他覺得「有功夫在身」了！

「俠友心・太極夢」項目精彩瞬間

全國大培訓中,萬老師用「觸摸式教學」教授盲童。

一招一式,從零學起。

全國各地的項目學校傳習,這是北京延慶打工子弟小學慶源學校的方啟豔老師在教授學生。

要知道念念不忘必有迴響,孩子們的學習環境越變越好,而不變的是河北懷來縣瑞雲觀鄉中心校的師生們對傳統文化的熱愛和對習練太極的堅持。

河南南陽方城縣尚台回族小學的孩子們連課間時間也要在教室外站椿。

大連盲聾學校的宋豔菊老師在教學生們行禮。

江西於都縣特殊教育學校的聽障學生們透過太極感受無聲大樂。

是一校之長，也是一線教學的老師。張校長把功夫的核心傳遞給了一批又一批的孩子們。

媒體報導盲童「夢之隊」首演。

從「俠友心·太極夢」項目大培訓回來後，黃老師在廣西田東中學組建了校太極隊。太極少年，盡顯青春風采。

這是《非視覺太極》大型公益活動現場。

太極拳文化經典選編

·修武德以正身心

武者三懼三不懼

三懼：一懼德高望重者，二懼童稚者，三懼病弱者。三不懼：身強力壯者不懼，專橫跋扈者不懼，恃強凌弱者不懼。

太極拳門規戒律

不倚權欺人；不畏強凌弱；勇救危；不懼險；不為非作歹；不借勢狂妄；不串鄉結黨；不自傲自滿；不與狂徒較量；不與無知爭強；不驕貧諂富；不貪無義橫財；不與酒色處事；不抗公私之債；不得損公礙私；不圖顯官厚祿；不應磋懈習拳。

學拳須知

學太極拳不可不敬，不敬則外慢師友，內慢身體。心不斂束，如何能學藝？學太極拳不可狂，狂則生事。不但手不可狂，即言亦不可狂。外面形跡必帶儒雅風氣。不

然，狂於外必失於內。

學太極拳不可滿，滿則招損。俗語云：天外還有天。能謙則虛心受教，人誰不樂告之以善哉？積眾善以為善，善斯大矣！

學太極拳著著當細心揣摩，一著不揣摩，則此勢機致情理終於茫昧。即承上啟下處，又當留心，此處不留心，則來脈不真，轉關亦不靈動。一著自為一著，不能自始至終一氣貫通矣！不能一氣貫通，則太和元氣終難問津。

學太極拳先學讀書，書理明白，學拳自然容易。

學太極拳即學陰陽開合而已。我身中自有本然之陰陽開合，非教者所能增損也。果能復其本然，則教者即止（教者，教之以規矩，即大中至正之理）。

學太極拳不可凌厲壓人，凌厲欺壓即犯眾怒，罪之魁也！

•明拳理以問武道

太極圖說　　　　　　　　　　　宋　周敦頤

無極而生太極。太極動而生陽，動極而靜，靜而生陰，靜極復動。一動一靜，互為其根。分陰分陽，兩儀立焉。陽變陰合，而生水火木金土。五氣順布，四時行焉。五行一陰陽也，陰陽一太極也，太極本無極也。

五行之生也，各一其性。無極之真，二五之精，妙合而凝。乾道成男，坤道成女。二氣交感，化生萬物。萬物

生生而變化無窮焉。

　　唯人也得其秀而最靈。形既生矣，神發知矣。五性感動而善惡分，萬事出矣。聖人定之以中正仁義而主靜，立人極焉。

　　故聖人「與天地合其德，日月合其明，四時合其序，鬼神合其吉凶」，君子修之吉，小人悖之凶。故曰：「立天之道，曰陰與陽。立地之道，曰柔與剛。立人之道，曰仁與義。」又曰：「原始反終，故知死生之說。」大哉易也，斯其至矣！

通書·動靜第十六　　　　　　　宋　周敦頤

　　動而無靜，靜而無動，物也。動而無動，靜而無靜，神也。動而無動，靜而無靜，非不動不靜也。物則不通，神妙萬物。水陰根陽，火陽根陰。五行陰陽，陰陽太極，四時運行，萬物終始。混兮辟兮，其無窮兮！

通書·理性命第二十二　　　　　　宋　周敦頤

　　厥彰厥微，匪靈弗瑩，剛善剛惡，柔亦如之，中焉止矣。二氣五行，化生萬物。五殊二實，二本則一。是萬為一，一實為萬。萬一各正，大小有定。

　　編者按：以上三篇周子論太極，太極拳理歸於此，太極拳論本於此。

感遇　　　　　　　　　　　　　唐　陳子昂

微月生西海，幽陽始化升。
圓光正東滿，陰魄已朝凝。
太極生天地，三元更廢興。
至精諒斯在，三五誰能徵。

太極拳論　　　　　　　　　　　清　王宗岳

太極者，無極而生，動靜之機，陰陽之母也。動之則分，靜之則合。無過不及，隨曲就伸。人剛我柔謂之走，我順人背謂之黏。動急則急應，動緩則緩隨。雖變化萬端，而理唯一貫。由著熟而漸悟懂勁，由懂勁而階及神明。然非用力之久不能豁然貫通焉。

虛靈頂勁，氣沉丹田，不偏不倚，忽隱忽現。左重則左虛，右重則右杳。仰之則彌高，俯之則彌深，進之則愈長，退之則愈促。一羽不能加，蠅蟲不能落。人不知我，我獨知人。英雄所向無敵，蓋皆由此而及也！

斯技旁門甚多，雖勢有區別，概不外「壯欺弱」「慢讓快」耳，有力打無力，手慢讓手快，是皆先天自然之能，非關學力而有為也。察四兩撥千斤之句，顯非力勝！觀耄耋禦眾之形，快何能為？立如秤準，活似車輪，偏沉則隨，雙重則滯。每見數年純功不能運化者，率皆自為人制，雙重之病未悟耳。欲避此病，須知陰陽，黏即是走，走即是黏，陽不離陰，陰不離陽，陰陽相濟，方為懂勁。懂勁後愈練愈精，默識揣摩，漸至從心所欲。本是捨己從

人，多誤捨近求遠，所謂差之毫釐，謬以千里，學者不可不詳辨焉！是為論。

•知醫理以問天真

素問·上古天真論（節選）

　　昔在黃帝，生而神靈，弱而能言，幼而徇齊，長而敦敏，成而登天。乃問於天師曰：余聞上古之人，春秋皆度百歲，而動作不衰；今時之人，年半百而動作皆衰者，時世異耶？人將失之耶？

　　岐伯對曰：上古之人，其知道者，法於陰陽，和於術數，食飲有節，起居有常，不妄作勞，故能形與神俱，而盡終其天年，度百歲乃去。今時之人不然也，以酒為漿，以妄為常，醉以入房，以欲竭其精，以耗散其真，不知持滿，不時禦神，務快其心，逆於生樂，起居無節，故半百而衰也。

　　夫上古聖人之教下也，皆謂之虛邪賊風，避之有時，恬淡虛無，真氣從之，精神內守，病安從來。是以志閑而少欲，心安而不懼，形勞而不倦，氣從以順，各從其欲，皆得所願。故美其食，任其服，樂其俗，高下不相慕，其民故曰樸。是以嗜欲不能勞其目，淫邪不能惑其心，愚智賢不肖不懼於物，故合於道。所以能年皆度百歲，而動作不衰者，以其德全不危也。

編者按：上古天真者，直心質樸，真實無妄也。今人所謂養生，不離此準繩，「見素抱樸，少私寡慾。」今之保健品、補品之類，皆多餘之物，令臟腑妄動，元氣耗散，有不如無。太極拳之鬆淨自然，動靜相宜，實乃引「今時之人」歸「上古天真」之良方也。

素問・六微旨大論（節選）

黃帝問曰：嗚呼，遠哉！天之道也，如迎浮雲，若視深淵，視深淵尚可測，迎浮雲莫知其極。夫子數言謹奉天道，余聞而藏之，心私異之，不知其所謂也。願夫子溢志盡言其事，令終不滅，久而不絕。天之道，可得聞乎？

岐伯稽首再拜對曰：明乎哉問！天之道也，此因天之序，盛衰之時也。

帝曰：願聞天道六六之節，盛衰何也？

岐伯曰：上下有位，左右有紀。故少陽之右，陽明治之；陽明之右，太陽治之；太陽之右，厥陰治之；厥陰之右，少陰治之；少陰之右，太陰治之；太陰之右，少陽治之。此所謂氣之標，蓋南面而待也。故曰：因天之序，盛衰之時，移光定位，正立而待之，此之謂也。少陽之上，火氣治之，中見厥陰；陽明之上，燥氣治之，中見太陰。太陽之上，寒氣治之，中見少陰。厥陰之上，風氣治之，中見少陽。少陰之上，熱氣治之，中見太陽。太陰之上，濕氣治之，中見陽明。

所謂本也，本之下中之見也，見之下氣之標也。本標

不同，氣應異象。

素問・四氣調神大論

春三月，此謂發陳，天地俱生，萬物以榮，夜臥早起，廣步於庭，被髮緩形，以使志生，生而勿殺，予而勿奪，賞而勿罰，此春氣之應，養生之道也。逆之則傷肝，夏為寒變，奉長者少。

夏三月，此謂蕃秀，天地氣交，萬物華實，夜臥早起，無厭於日，使志無怒，使華英成秀，使氣得泄，若所愛在外，此夏氣之應，養長之道也。逆之則傷心，秋為痎瘧，奉收者少，冬至重病。

秋三月，此謂容平，天氣以急，地氣以明，早臥早起，與雞俱興，使志安寧，以緩秋刑，收斂神氣，使秋氣

平，無外其志，使肺氣清，此秋氣之應，養收之道也。逆之則傷肺，冬為飱泄，奉藏者少。

冬三月，此謂閉藏，水冰地坼，無擾乎陽，早臥晚起，必待日光，使志若伏若匿，若有私意，若已有得，去寒就溫，無泄皮膚，使氣亟奪，此冬氣之應，養藏之道也。逆之則傷腎，春為痿厥，奉生者少。

天氣，清淨光明者也，藏德不止，故不下也。天明則日月不明，邪害空竅，陽氣者閉塞，地氣者冒明，雲霧不精，則上應白露不下。交通不表，萬物命故不施，不施則名木多死。惡氣不發，風雨不節，白露不下，則菀槁不榮。賊風數至，暴雨數起，天地四時不相保，與道相失，則未央絕滅。唯聖人從之，故身無奇病，萬物不失，生氣不竭。

逆春氣，則少陽不生，肝氣內變。逆夏氣，則太陽不長，心氣內洞。逆秋氣，則太陰不收，肺氣焦滿。逆冬氣，則少陰不藏，腎氣獨沉。

夫四時陰陽者，萬物之根本也。所以聖人春夏養陽，秋冬養陰，以從其根，故與萬物沉浮於生長之門。逆其根，則伐其本，壞其真矣。

故陰陽四時者，萬物之終始也，死生之本也，逆之則災害生，從之則苛疾不起，是謂得道。道者，聖人行之，愚者佩之。從陰陽則生，逆之則死；從之則治，逆之則亂。反順為逆，是謂內格。

是故聖人不治已病治未病，不治已亂治未亂，此之謂也。夫病已成而後藥之，亂已成而後治之，譬猶渴而穿

井，斗而鑄錐，不亦晚乎！

> **編者按**：天有春夏秋冬，萬物應以生長收藏，從之以養性命之要，災禍不生，奇病無蹤。故聖人從四時陰陽則真元不損，從陰陽四時則終始無礙。愚者逆之而寒邪紛擾，禍亂滋生。故上工不治已病治未病，聖人不治已亂治未亂，治病如治國，用藥如用兵。刀兵起而國力傷，藥石入而元氣損，四時陰陽之用大矣哉。

素問・陰陽應象大論（節選）

黃帝曰：陰陽者，天地之道也，萬物之綱紀，變化之父母，生殺之本始，神明之府也。治病必求於本。

故積陽為天，積陰為地。陰靜陽躁，陽生陰長，陽殺陰藏。陽化氣，陰成形。寒極生熱，熱極生寒；寒氣生濁，熱氣生清。清氣在下，則生飧泄；濁氣在上，則生.脹。此陰陽反作，病之逆從也。

故清陽為天，濁陰為地。地氣上為雲，天氣下為雨；雨出地氣，雲出天氣。故清陽出上竅，濁陰出下竅；清陽發腠理，濁陰走五臟；清陽實四肢，濁陰歸六腑。

……

天有四時五行，以生長收藏，以生寒暑燥濕風。人有五臟化五氣，以生喜怒悲憂恐。故喜怒傷氣，寒暑傷形。暴怒傷陰，暴喜傷陽。厥氣上行，滿脈去形。喜怒不節，寒暑過度，生乃不固。故重陰必陽，重陽必陰。故曰：冬

傷於寒，春必溫病；春傷於風，夏生飧泄；夏傷於暑，秋必痎瘧；秋傷於濕，冬生咳嗽。

素問・靈蘭秘典論

黃帝問曰：願聞十二臟之相使，貴賤何如？

岐伯對曰：悉乎哉問也！請遂言之。心者，君主之官也，神明出焉。肺者，相傅之官，治節出焉。肝者，將軍之官，謀慮出焉。膽者，中正之官，決斷出焉。膻中者，臣使之官，喜樂出焉。脾胃者，倉廩之官，五味出焉。大腸者，傳道之官，變化出焉。小腸者，受盛之官，化物出焉。腎者，作強之官，伎巧出焉。三焦者，決瀆之官，水道出焉。膀胱者，州都之官，津液藏焉，氣化則能出矣。凡此十二官者，不得相失也。故主明則下安，以此養生則壽，歿世不殆，以為天下則大昌。主不明則十二官危，使道閉塞而不通，形乃大傷，以此養生則殃，以為天下者，其宗大危，戒之戒之！

至道在微，變化無窮，孰知其原？窘乎哉，肖者瞿瞿，孰知其要！閔閔之當，孰者為良！恍惚之數，生於毫氂，毫氂之數，起於度量，千之萬之，可以益大，推之大之，其形乃制。

黃帝曰：善哉！余聞精光之道，大聖之業，而宣明大道，非齋戒擇吉日不敢受也。黃帝乃擇吉日良兆，而藏靈蘭之室，以傳保焉。

編者按：養生如治國，臟腑安其位，氣血通其行。位有高下之分，行無尊卑之別。消息往來，上達天聽，下至庶民，通達無礙，主明而下安。此天地自然之秘要，敬而受之，慎而藏之，可傳萬世，信而從之，可至天真。

靈樞・九針十二原（節選）

黃帝問於岐伯曰：余子萬民，養百姓，而收其租稅。余哀其不給，而屬有疾病。余欲勿使被毒藥，無用砭石，欲以微針通其經脈，調其血氣，營其逆順出入之會，令可傳於後世。必明為之法，令終而不滅，久而不絕，易用難忘，為之經紀；異其篇章，別其表裏，為之終始；令各有形，先立針經。願聞其情。

岐伯答曰：臣請推而次之，令有綱紀，始於一，終於九焉。請言其道！小針之要，易陳而難入，粗守形，上守神，神乎神，客在門，未睹其疾，惡知其原？刺之微，在速遲，粗守關，上守機，機之動，不離其空，空中之機，清靜而微，其來不可逢，其往不可追。知機之道者，不可掛以發。不知機道，扣之不發。知其往來，要與之期，粗之暗乎，妙哉，工獨有之。往者為逆，來者為順，明知逆順，正行無間。迎而奪之，惡得無虛，追而濟之，惡得無實，迎之隨之，以意和之，針道畢矣。

編者按：上工治病，臨機而發，莫測其能。太極者，動靜之機。知機之道者，屈伸開合，捨己從人。不知機道者，努勁拙力，丟頂雙重。虛實迎隨，以意和之，醫之道若此，太極之道亦若此。

靈樞・本神（節選）

黃帝問於岐伯曰：凡刺之法，必先本於神。血、脈、營、氣、精神，此五臟之所藏也，至其淫泆離臟則精失、魂魄飛揚、志意恍亂、智慮去身者，何因而然乎？天之罪與？人之過乎？何謂德、氣、生、精、神、魂、魄、心、意、志、思、智、慮？請問其故。

岐伯答曰：天之在我者德也，地之在我者氣也。德流氣溥而生者也。故生之來謂之精，兩精相搏謂之神，隨神往來者謂之魂，並精而出入者謂之魄，所以任物者謂之心，心有所憶謂之意，意之所存謂之志，因志而存變謂之思，因思而遠慕謂之慮，因慮而處物謂之智。

故智者之養生也，必順四時而適寒暑，和喜怒而安居處，節陰陽而調剛柔。如是則僻邪不至，長生久視。

編者按：精、神、魂、魄，舍任物之心外並無餘物。德流氣溥，生機之所本也。生長收藏，意志思慮，積精累氣而心神充足，神足則任物之心可成處物之智。智者順而養生，可長生久視。

靈樞・經脈（節選）

雷公問於黃帝曰：《禁服》之言，凡刺之理，經脈為始，營其所行，知其度量，內次五臟，外別六腑，願盡聞其道。黃帝曰：人始生，先成精，精成而腦髓生，骨為幹，脈為營，筋為剛，肉為牆，皮膚堅而毛髮長，穀入於胃，脈道以通，血氣乃行。

雷公曰：願卒聞經脈之始生。黃帝曰：經脈者，所以能決死生、處百病、調虛實，不可不通。

肺手太陰之脈，起於中焦，下絡大腸，還循胃口，上膈屬肺，從肺系橫出腋下，下循臑內，行少陰、心主之前，下肘中，循臂內上骨下廉、入寸口，上魚，循魚際，出大指之端；其支者，從腕後直出次指內廉，出其端。

是動則病肺脹滿，膨膨而喘咳，缺盆中痛，甚則交兩手而瞀，此為臂厥。是主肺所生病者，咳，上氣喘喝，煩心，胸滿，臑臂內前廉痛厥，掌中熱。氣盛有餘，則肩背痛，風寒汗出中風，小便數而欠。氣虛則肩背痛寒，少氣不足以息，溺色變。為此諸病，盛則瀉之，虛則補之，熱則疾之，寒則留之，陷下則灸之，不盛不虛，以經取之。盛者，寸口大三倍於人迎；虛者，則寸口反小於人迎也。

大腸手陽明之脈，起於大指次指之端，循指上廉，出合穀兩骨之間，上入兩筋之中，循臂上廉，入肘外廉，上臑外前廉，上肩，出髃骨之前廉，上出於柱骨之會上，下入缺盆，絡肺，下膈，屬大腸。其支者，從缺盆上頸，貫頰，入下齒中，還出挾口，交人中，左之右，右之左，上

挾鼻孔。

是動則病齒痛，頸腫。是主津所生病者，目黃口乾，鼻衄，喉痹，肩前臑痛，大指次指痛不用。氣有餘則當脈所過者熱腫，虛則寒栗不復。為此諸病，盛則瀉之，虛則補之，熱則疾之，寒則留之，陷下則灸之，不盛不虛，以經取之。盛者，人迎大三倍於寸口；虛者，人迎反小於寸口也。

胃足陽明之脈，起於鼻，交頞中，旁納太陽之脈，下循鼻外，入上齒中，還出挾口，環唇，下交承漿，卻循頤後下廉，出大迎，循頰車，上耳前，過客主人，循髮際，至額顱；其支者，從大迎前下人迎，循喉嚨，入缺盆，下膈，屬胃絡脾；其直者，從缺盆下乳內廉，下挾臍，入氣街中；其支者，起於胃口，下循腹裏，下至氣街中而合，以下髀關，抵伏兔，下膝臏中，下循脛外廉，下足跗，入中趾內間；其支者，下膝三寸而別，下入中趾外間；其支者，別跗上，入大趾間，出其端。

是動則病灑灑振寒，善伸，數欠，顏黑，病至則惡人與火，聞木聲則惕然而驚，心欲動，獨閉戶塞牖而處，甚則欲上高而歌，棄衣而走，賁響腹脹，是為骭厥。是主血所生病者，狂瘧，溫淫汗出，鼽衄，口喎，唇胗，頸腫，喉痹，大腹水腫，膝臏腫痛，循膺、乳、氣街、股、伏兔、骭外廉、足跗上皆痛，中趾不用。氣盛則身以前皆熱，其有餘於胃，則消穀善饑，溺色黃。氣不足則身以前皆寒栗，胃中寒則脹滿。為此諸病，盛則瀉之，虛則補之，熱則疾之，寒則留之，陷下則灸之，不盛不虛，以經

取之。盛者，人迎大三倍於寸口；虛者，人迎反小於寸口也。

脾足太陰之脈，起於大趾之端，循趾內側白肉際，過核骨後，上內踝前廉，上踹內，循脛骨後，交出厥陰之前，上膝股內前廉，入腹，屬脾絡胃，上膈，挾咽，連舌本，散舌下；其支者，復從胃別上膈，注心中。

是動則病舌本強，食則嘔，胃脘痛，腹脹，善噫，得後與氣則快然如衰，身體皆重。是主脾所生病者，舌本痛，體不能動搖，食不下，煩心，心下急痛，溏瘕泄，水閉，黃疸，不能臥，強立股膝內腫厥，足大趾不用。為此諸病，盛則瀉之，虛則補之，熱則疾之，寒則留之，陷下則灸之，不盛不虛，以經取之。盛者，寸口大三倍於人迎；虛者，寸口反小於人迎也。

心手少陰之脈，起於心中，出屬心系，下膈，絡小腸；其支者，從心系，上挾咽，繫目系；其直者，復從心系卻上肺，下出腋下，下循臑內後廉，行手太陰、心主之後，下肘內，循臂內後廉，抵掌後銳骨之端，入掌內後廉，循小指之內，出其端。

是動則病嗌乾心痛，渴而欲飲，是為臂厥。是主心所生病者，目黃脅痛，臑臂內後廉痛厥，掌中熱痛。為此諸病，盛則瀉之，虛則補之，熱則疾之，寒則留之，陷下則灸之，不盛不虛，以經取之。盛者，寸口大再倍於人迎；虛者，寸口反小於人迎也。

小腸手太陽之脈，起於小指之端，循手外側，上腕，出踝中，直上循臂骨下廉，出肘內側兩骨之間，上循臑外

後廉，出肩解，繞肩胛，交肩上，入缺盆，絡心，循咽，下膈，抵胃，屬小腸；其支者，從缺盆循頸上頰，至目銳眥，卻入耳中；其支者，別頰上䪼，抵鼻，至目內眥，斜絡於顴。

是動則病：嗌痛，頷腫，不可以顧，肩似拔，臑似折。是主液所生病者，耳聾，目黃，頰腫，頸、頷、肩、臑、肘、臂外後廉痛。為此諸病，盛則瀉之，虛則補之，熱則疾之，寒則留之，陷下則灸之，不盛不虛，以經取之。盛者，人迎大再倍於寸口；虛者，人迎反小於寸口也。

膀胱足太陽之脈，起於目內眥，上額交巔；其支者，從巔至耳上角；其直者，從巔入絡腦，還出別下項，循肩髆內，挾脊抵腰中，入循膂，絡腎屬膀胱；其支者，從腰中下挾脊，貫臀，入膕中；其支者，從髆內左右別下貫胛，挾脊內，過髀樞，循髀外，從後廉下合膕中，以下貫踹內，出外踝之後，循京骨，至小趾外側。

是動則病沖頭痛，目似脫，項如拔，脊痛，腰似折，髀不可以曲，膕如結，踹如裂，是為踝厥。是主筋所生病者，痔，瘧，狂癲疾，頭囟項痛，目黃淚出，鼽衄，項、背、腰、尻、膕、踹、腳皆痛，小趾不用。為此諸病，盛則瀉之，虛則補之，熱則疾之，寒則留之，陷下則灸之，不盛不虛，以經取之。盛者，人迎大再倍於寸口；虛者，人迎反小於寸口也。

腎足少陰之脈，起於小趾之下，邪走足心，出於然骨之下，循內踝之後，別入跟中，以上踹內，出膕內廉，上

股內後廉，貫脊，屬腎絡膀胱；其直者，從腎上貫肝膈，入肺中，循喉嚨，挾舌本；其支者，從肺出絡心，注胸中。

是動則病饑不欲食，面如漆柴，咳唾則有血，喝喝而喘，坐而欲起，目𥆧𥆧如無所見，心如懸若饑狀，氣不足則善恐，心惕惕如人將捕之，是為骨厥。是主腎所生病者，口熱舌乾，咽腫上氣，嗌乾及痛，煩心心痛，黃疸，腸澼，脊股內後廉痛，痿厥，嗜臥，足下熱而痛。為此諸病，盛則瀉之，虛則補之，熱則疾之，寒則留之，陷下則灸之，不盛不虛，以經取之。灸則強食生肉，緩帶披髮，大杖重履而步。盛者，寸口大再倍於人迎；虛者，寸口反小於人迎也。

心主手厥陰心包絡之脈，起於胸中，出屬心包絡，下膈，歷絡三焦；其支者，循胸出脅，下腋三寸，上抵腋下，循臑內，行太陰、少陰之間，入肘中，下臂，行兩筋之間，入掌中，循中指出其端；其支者，別掌中，循小指次指出其端。

是動則病手心熱，臂肘攣急，腋腫，甚則胸脅支滿，心中憺憺大動，面赤目黃，喜笑不休。是主脈所生病者，煩心，心痛，掌中熱。為此諸病，盛則瀉之，虛則補之，熱則疾之，寒則留之，陷下則灸之，不盛不虛，以經取之。盛者，寸口大一倍於人迎；虛者，寸口反小於人迎也。

三焦手少陽之脈，起於小指次指之端，上出兩指之間，循手表腕，出臂外兩骨之間，上貫肘，循臑外上肩，

而交出足少陽之後，入缺盆，布膻中，散落心包，下膈，循屬三焦；其支者，從膻中上出缺盆，上項，系耳後，直上出耳上角，以屈下頰至𩑶；其支者，從耳後入耳中，出走耳前，過客主人前，交頰，至目銳眥。

是動則病耳聾渾渾焞焞，嗌腫喉痹。是主氣所生病者，汗出，目銳眥痛，頰痛，耳後、肩、臑、肘、臂外皆痛，小指次指不用。為此諸病，盛則瀉之，虛則補之，熱則疾之，寒則留之，陷下則灸之，不盛不虛，以經取之。盛者，人迎大一倍於寸口；虛者，人迎反小於寸口也。

膽足少陽之脈，起於目銳眥，上抵頭角，下耳後，循頸，行手少陽之前，至肩上，卻交出手少陽之後，入缺盆；其支者，從耳後入耳中，出走耳前，至目銳眥後；其支者，別銳眥，下大迎，合於手少陽，抵於𩑶，下加頰車，下頸，合缺盆，以下胸中，貫膈，絡肝屬膽，循脅裏，出氣街，繞毛際，橫入髀厭中；其直者，從缺盆下腋，循胸過季脅，下合髀厭中，以下循髀陽，出膝外廉，下外輔骨之前，直下抵絕骨之端，下出外踝之前，循足跗上，入小趾次趾之間；其支者，別跗上，入大趾之間，循大趾歧骨內出其端，還貫爪甲，出三毛。

是動則病口苦，善太息，心脅痛，不能轉側，甚則面微有塵，體無膏澤，足外反熱，是為陽厥。是主骨所生病者，頭痛，頷痛，目銳眥痛，缺盆中腫痛，腋下腫，馬刀俠癭，汗出振寒，瘧，胸、脅、肋、髀、膝外至脛、絕骨、外踝前及諸節皆痛，小趾次趾不用。為此諸病，盛則瀉之，虛則補之，熱則疾之，寒則留之，陷下則灸之，不

盛不虛，以經取之。盛者，人迎大一倍於寸口；虛者，人迎反小於寸口也。

肝足厥陰之脈，起於大趾叢毛之際，上循足跗上廉，去內踝一寸，上踝八寸，交出太陰之後，上膕內廉，循股陰，入毛中，環陰器，抵小腹，挾胃，屬肝絡膽，上貫膈，布脅肋，循喉嚨之後，上入頏顙，連目系，上出額，與督脈會於巔；其支者，從目系下頰裏，環唇內；其支者，復從肝，別貫膈，上注肺。

是動則病腰痛不可以俯仰，丈夫㿉疝，婦人少腹腫，甚則嗌乾，面塵脫色。是主肝所生病者，胸滿，嘔逆，飱泄，狐疝，遺溺，閉癃。為此諸病，盛則瀉之，虛則補之，熱則疾之，寒則留之，陷下則灸之，不盛不虛，以經取之。盛者，寸口大一倍於人迎；虛者，寸口反小於人迎也。

編者按： 經脈為醫者診斷之繩墨，「是動則病」後所述為經脈受擾動而顯病症，病在經脈，程度相較為輕，臟腑之正氣尚足。「是主某所生病者」後所述為臟腑功能受干擾之病症，臟腑正氣不足，病在臟腑，較為深入。

靈樞·決氣

黃帝曰：余聞人有精、氣、津、液、血、脈，余意以為一氣耳，今乃辨為六名，余不知其所以然。

岐伯曰：兩神相搏，合而成形，常先身生，是謂精。

何謂氣？

岐伯曰：上焦開發，宣五穀味，薰膚、充身、澤毛，若霧露之溉，是謂氣。

何謂津？

岐伯曰：腠理發洩，汗出溱溱，是謂津。

何謂液？

岐伯曰：穀入氣滿，淖澤注於骨，骨屬屈伸，泄澤，補益腦髓，皮膚潤澤，是謂液。

何謂血？

岐伯曰：中焦受氣取汁，變化而赤，是謂血。

何謂脈？

岐伯曰：壅遏營氣，令無所避，是謂脈。

黃帝曰：六氣者，有餘不足，氣之多少，腦髓之虛實，血脈之清濁，何以知之？岐伯曰：精脫者，耳聾；氣脫者，目不明；津脫者，腠理開，汗大泄；液脫者，骨屬屈伸不利，色夭，腦髓消，脛酸，耳數鳴；血脫者，色白，夭然不澤；脈脫者，其脈空虛。此其候也。

黃帝曰：六氣者，貴賤何如？岐伯曰：六氣者，各有部主也，其貴賤善惡，可為常主，然五穀與胃為大海也。

編者按：六氣本為一氣，《六微旨大論》所謂「本標不同，氣應異象」，可參看之。

·明聖理以合自然

大學·第一章　　　　　　　　　　　曾　參

大學之道，在明明德，在親民，在止於至善。

知止而後有定，定而後能靜，靜而後能安，安而後能慮，慮而後能得。物有本末，事有終始。知所先後，則近道矣。

古之欲明明德於天下者，先治其國。欲治其國者，先齊其家。欲齊其家者，先修其身。欲修其身者，先正其心。欲正其心者，先誠其意。欲誠其意者，先致其知。致知在格物。物格而後知至，知至而後意誠，意誠而後心正，心正而後身修，身修而後家齊，家齊而後國治，國治而後天下平。自天子以至於庶人，壹是皆以修身為本。

其本亂，而末治者否矣。其所厚者薄，而其所薄者厚，未之有也。

編者按：本末終始，修身以齊，格物致知，正心誠意，修身齊家，治國平天下其本為一，一即修身，修身不離精神魂魄心，意志思慮智。臟腑經脈各安其位，各行其是。「因天之序，盛衰之時，移光定位，正立而待之。」本末終始，自在其中。故經典可互參，以身行之以證其道。

中庸‧第一章　　　　　　　　　　　孔伋

天命之謂性，率性之謂道，修道之謂教。

道也者，不可須臾離也，可離非道也。是故君子戒慎乎其所不睹，恐懼乎其所不聞。

莫見乎隱，莫顯乎微，故君子慎其獨也。

喜怒哀樂之未發，謂之中；發而皆中節，謂之和。中也者，天下之大本也；和也者，天下之達道也。

致中和，天地位焉，萬物育焉。

> **編者按**：蓄而後發，蓄而不發，無過不及，隨曲就伸。《中庸》之謂「致中和」，太極拳者以身行之。

論語‧學而

子曰：「學而時習之，不亦說乎？有朋自遠方來，不亦樂乎？人不知而不慍，不亦君子乎？」

有子曰：「其為人也孝弟，而好犯上者，鮮矣；不好犯上而好作亂者，未之有也。君子務本，本立而道生。孝弟也者，其為仁之本與！」

子曰：「巧言令色，鮮矣仁。」

曾子曰：「吾日三省吾身，為人謀而不忠乎？與朋友交而不信乎？傳不習乎？」

子曰：「道千乘之國，敬事而信，節用而愛人，使民以時。」

子曰：「弟子入則孝，出則悌，謹而信，泛愛眾，而親仁。行有餘力，則以學文。」

子夏曰：「賢賢易色，事父母，能竭其力；事君，能致其身；與朋友交，言而有信。雖曰未學，吾必謂之學矣。」

子曰：「君子不重則不威，學則不固。主忠信，無友不如己者，過則勿憚改。」

曾子曰：「慎終，追遠，民德歸厚矣！」

子禽問於子貢曰：「夫子至於是邦也，必聞其政。求之與？抑與之與？」

子貢曰：「夫子溫、良、恭、儉、讓以得之。夫子之求之也，其諸異乎人之求之與！」

子曰：「父在，觀其志；父沒，觀其行；三年無改於父之道，可謂孝矣。」

有子曰：「禮之用，和為貴。先王之道，斯為美，小大由之。有所不行，知和而和，不以禮節之，亦不可行也。」

有子曰：「信近於義，言可複也。恭近於禮，遠恥辱也。因不失其親，亦可宗也。」

子曰：「君子食無求飽，居無求安，敏於事而慎於言，就有道而正焉，可謂好學也已。」

子貢曰：「貧而無諂，富而無驕，何如？」

子曰：「可也。未若貧而樂，富而好禮者也。」

子貢曰：「《詩》云『如切如磋，如琢如磨』，其斯之謂與？」子曰：「賜也，始可與言《詩》已矣，告諸往而知來者。」

子曰：「不患人之不己知，患不知人也。」

編者按：得太極拳三昧者，切磋琢磨之樂自知也。捨已從人，知人之至也。

道經・第一章 老 子

道，可道也，非恒道也。名，可名也，非恒名也。無名，天地之始；有名，萬物之母。故常無欲，以觀其妙；常有欲，以觀其徼。此兩者同出而異名，同謂之玄，玄之又玄，眾妙之門。

德經・第三十八章

上德不德，是以有德；下德不失德，是以無德。上德無為而無以為；下德為之而無以為。上仁為之而無以為；上義為之而有以為。上禮為之而莫之應，則攘臂而扔之。故失道而後德，失德而後仁，失仁而後義，失義而後禮。夫禮者，忠信之薄，而亂之首。前識者，道之華，而愚之始。是以大丈夫處其厚，不居其薄；處其實，不居其華。故去彼取此。

編者按：上德與道，皆不可名，不可言。得之者自知，無過不及，舉動無不合度。未得者不知，雖學其形似，或過或不及，鮮能合度。太極之拳本亦無形，動急急應，動緩緩隨，隨曲就伸，虛靈在中。行拳可以體道，行拳可以證道。故可名之太極也。

太一生水

太一生水。水反輔太一，是以成天。天反輔太一，是以成地。天地復相輔也，是以成神明。神明復相輔也，是以成陰陽。陰陽復相輔也，是以成四時。四時復相輔也，是以成滄熱。滄熱復相輔也，是以成濕燥。濕燥復相輔也，成歲而止。

故歲者，濕燥之所生也。濕燥者，滄熱之所生也。滄熱者，四時之所生也。四時者，陰陽之所生也。陰陽者，神明之所生也。神明者，天地之所生也。天地者，太一之所生也。

是故太一藏於水，行於時。周而或始，以己為萬物母；一缺一盈，以己為萬物經。此天之所不能殺，地之所不能埋，陰陽之所不能成。君子知此之謂聖……（原簡缺，約七字）

般若波羅蜜多心經　　　　　　　　玄奘　譯

觀自在菩薩，行深般若波羅蜜多時，照見五蘊皆空，度一切苦厄。舍利子，色不異空，空不異色，色即是空，空即是色。受想行識，亦復如是。舍利子，是諸法空相，不生不滅，不垢不淨，不增不減。是故空中無色，無受想行識，無眼耳鼻舌身意，無色聲香味觸法，無眼界，乃至無意識界。無無明，亦無無明盡，乃至無老死，亦無老死盡。無苦集滅道，無智亦無得，以無所得故。菩提薩埵，依般若波羅蜜多故，心無罣礙，無罣礙故，無有恐怖，遠

離顛倒夢想，究竟涅槃。三世諸佛，依般若波羅蜜多故，得阿耨多羅三藐三菩提。故知般若波羅蜜多，是大神咒，是大明咒，是無上咒，是無等等咒，能除一切苦，真實不虛。故說般若波羅蜜多咒，即說咒曰：揭諦揭諦，波羅揭諦，波羅僧揭諦，菩提薩婆訶。

金剛般若波羅蜜經（節選）　　　　鳩摩羅什　譯

如是我聞。一時，佛在舍衛國祇樹給孤獨園，與大比丘眾千二百五十人俱。爾時世尊食時，著衣持鉢，入舍衛大城乞食。於其城中次第乞已，還至本處。飯食訖，收衣鉢，洗足已，敷座而坐。

時長老須菩提在大眾中，即從座起，偏袒右肩，右膝著地，合掌恭敬而白佛言：稀有，世尊！如來善護念諸菩薩，善付囑諸菩薩。世尊，善男子、善女人，發阿耨多羅三藐三菩提心，應云何住？云何降伏其心？

佛言：善哉！善哉！須菩提！如汝所說，如來善護念諸菩薩，善付囑諸菩薩。汝今諦聽，當為汝說。善男子、善女人，發阿耨多羅三藐三菩提心，應如是住，如是降伏其心。唯然，世尊。願樂欲聞。

佛告須菩提，諸菩薩摩訶薩應如是降伏其心：所有一切眾生之類，若卵生、若胎生、若濕生、若化生，若有色、若無色，若有想、若無想，若非有想、非無想，我皆令入無餘涅槃而滅度之。如是滅度無量、無數、無邊眾生，實無眾生得滅度者，何以故？須菩提，若菩薩有我相、人相、眾生相、壽者相，即非菩薩。

復次，須菩提，菩薩於法，應無所住，行於佈施。所謂不住色佈施，不住聲、香、味、觸、法佈施。須菩提，菩薩應如是佈施，不住於相。何以故？若菩薩不住相佈施，其福德不可思量。須菩提，於意云何？東方虛空可思量不？不也，世尊。須菩提，南西北方、四維上下虛空，可思量不？不也，世尊。須菩提，菩薩無住相佈施，福德亦複如是不可思量。須菩提，菩薩但應如所教住。

須菩提，於意云何？可以身相見如來不？不也，世尊。不可以身相得見如來，何以故？如來所說身相，即非身相。佛告須菩提：凡所有相，皆是虛妄。若見諸相非相，則見如來。

編者按：佛為天人師，師者，言行如一也。此經所言之義，首段佛之日常行狀已詮釋無餘。孔子曾贊顏回三月不違仁，而夫子又何嘗有一日違仁乎。「處無為之事，行不言之教」，釋迦與孔子皆然。

新書預告

萬周迎老師另一部關於太極的著作《太極拳理法與勢法——輕敲太極門》，也同期出版。在該書中，作者縱觀古今，橫略東西，從聖賢之道到科學新知，一切都與太極相關，太極拳之理無處不在又無處在。

作者用現代人的思維重新解構太極文化，關於醫、關於武、關於生命、關於飲食和運動……太極在文化中，太極在科學裏，太極是一種態度，太極是生活的方式。

對太極拳，知其然還要知其所以然。該書對太極拳的進階練法做了深入剖析，也許會給您以啟發、解惑之效。

讓我們一起隨著書卷的打開，去輕敲太極之門。

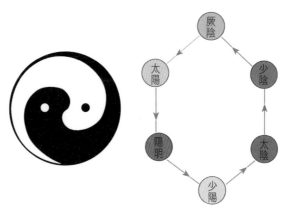

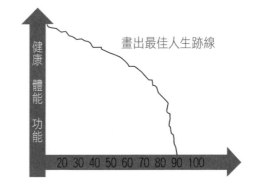

畫出最佳人生跡線

彩色圖解太極武術

歡迎至本公司購買書籍

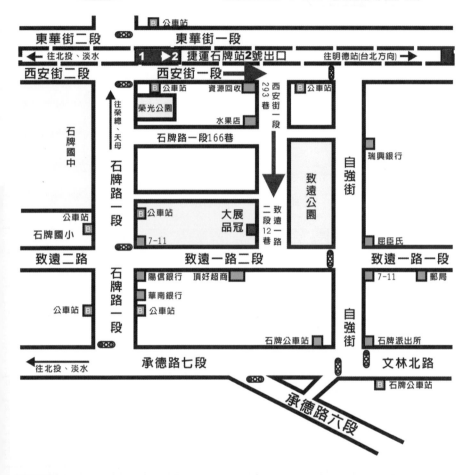

建議路線
1.搭乘捷運.公車

　　淡水線石牌站下車,由石牌捷運站2號出口出站(出站後靠右邊),沿著捷運高架往台北方向走(往明德站方向),其街名為西安街,約走100公尺(勿超過紅綠燈),由西安街一段293巷進來(巷口有一公車站牌,站名為自強街口),本公司位於致遠公園對面。搭公車者請於石牌站(石牌派出所)下車,走進自強街,遇致遠路口左轉,右手邊第一條巷子即為本社位置。

2.自行開車或騎車

　　由承德路接石牌路,看到陽信銀行右轉,此條即為致遠一路二段,在遇到自強街(紅綠燈)前的巷子(致遠公園)左轉,即可看到本公司招牌。

國家圖書館出版品預行編目資料

太極拳勁意圖解——非視覺太極／萬周迎　著
——初版，——臺北市，大展，2020〔民109 . 03〕
面；21公分 ——（武學釋典；38）
ISBN 978－986－346－287－3（平裝）

1.太極拳

528 . 972　　　　　　　　　　　　　108023169

太極拳勁意圖解——非視覺太極

著　　者／萬周迎
責任編輯／苑博洋
發 行 人／蔡森明
出 版 者／大展出版社有限公司
社　　址／台北市北投區（石牌）致遠一路2段12巷1號
電　　話／（02）28236031・28236033・28233123
傳　　眞／（02）28272069
郵政劃撥／01669551
網　　址／www.dah－jaan.com.tw
E - mail／service@dah－jaan.com.tw
登 記 證／局版臺業字第2171號
承 印 者／凌祥彩色印刷有限公司
裝　　訂／佳昇興業有限公司
排 版 者／弘益電腦排版有限公司
授 權 者／北京科學技術出版社
初版1刷／2020年（民109）3月

定 價／ 650元

大展好書　好書大展
品嘗好書　冠群可期

大展好書　好書大展

品嘗好書·　冠群可期